Notre vie avec eux

ISBN : 978-2-8132-3352-3

Conception et réalisation : Caroline Gioux

www.editions-tredaniel.com
info@guytredaniel.fr
www.facebook.com/tredaniel.bienvivre
@tredaniel_bienvivre

GÉRALD ARIANO

Préface de Laëtitia Barlerin

Notre vie avec eux

Guy Trédaniel éditeur
19, rue Saint-Séverin
75005 Paris

SOMMAIRE

PRÉFACE

LAËTITIA BARLERIN,

DOCTEUR, VÉTÉRINAIRE ET JOURNALISTE

Un jour, sur un plateau de télévision, quelques minutes avant la prise d'antenne et alors que je tentais par des caresses et des paroles douces d'apaiser le chien que je tenais blotti contre moi, le présentateur me lança d'un ton amusé et un poil provocateur : « Mais qu'est-ce que serait ta vie sans eux ?! » Interloquée, je ne sus lui répondre. Demande-t-on à un pianiste de quoi serait faite sa vie sans la musique ? Les animaux sont ma musique, ma passion, mon oxygène, mon évidence. Très tôt dans mon enfance, j'ai pris conscience que je ne pourrais pas vivre sans eux et que le meilleur moyen d'y arriver serait de vivre pour eux. D'où ma vocation de vétérinaire. Mon engagement pour leur bien-être.

Les animaux sont bien plus que nos compagnons de vie, ils sont notre joie de vivre, nos alliés silencieux, nos confidents, nos sources inépuisables d'amour inconditionnel et de réconfort. Notre richesse, sans pour autant nous appartenir. Et nous nous devons, dans une sorte de pacte tacite d'amitié et de respect, d'assurer leur bien-être et de les protéger. Nous avons tous – pet-parent, professionnel ou simple citoyen du monde – une responsabilité immense à l'égard des animaux. Et je pense que la société est doucement en train de le comprendre.

Hier encore, militer pour le bien-être des animaux était taxé de sensiblerie mal placée. Voire d'élucubrations de « vieilles filles à chats »...! Aujourd'hui, s'engager pour la cause animale, vouloir y consacrer sa vie ou son métier, n'est plus un sujet tabou, bien au contraire. Parler de parentalité à propos de son compagnon à quatre pattes, non plus. La place de l'animal dans la société, dans la loi, dans le cœur des Français aussi, a bien évolué. Alors, engagez-vous !... Mais comment faire ?

Lorsque mon ami Gérald Ariano m'a parlé de son projet *Notre vie avec eux*, j'ai immédiatement été séduite par cette idée de mettre en lumière les engagements des uns et des autres envers le bien-être des animaux sauvages ou domestiques, ainsi que le rôle des associations et des professionnels. Une façon d'illustrer les liens profonds qui unissent les humains et les animaux. Il faut dire que tout au long de sa carrière de journaliste, la nature, les animaux et l'humain ont été au cœur de son travail. Parce qu'il le voulait et en rêvait. C'était sa façon de s'engager. Ainsi, à travers ses nombreux reportages télévisés, Gérald a eu la chance d'aller à la rencontre de passionnés d'animaux, qui vivent, respirent pour eux. Qui se sont engagés pour eux. Il nous invite ici à en découvrir quelques-uns, d'horizons et de professions variés et à comprendre les complexités de leur engagement. Ce sont des portraits passionnants et inspirants. Car s'engager pour la cause animale ou le bien-être des animaux, ce n'est pas seulement faire un don à un refuge ou signer une pétition contre le massacre des baleines. C'est aussi, pourquoi pas, faire de sa passion son métier, de vétérinaire à pet-sitter en passant par dirigeant d'une agence de pet-influence ou fondateur d'une réserve sauvage. Il y a mille et une facettes de cet engagement.

Mais *Notre vie avec eux* n'est pas seulement un livre d'entretiens. Gérald Ariano nous guide dans un parcours varié : de l'adoption d'un animal de compagnie aux actions pour préserver les espèces sauvages, en passant par les obligations morales et légales de chacun envers eux. Le tout agrémenté d'anecdotes animalières insolites ou croustillantes, d'histoires incroyables d'animaux mais aussi de conseils pratiques bien éclairés. Je dis toujours que mieux comprendre les animaux permet de mieux les protéger et mieux les aimer. À travers ces pages, que vous soyez déjà un amoureux des animaux ou simplement curieux, j'espère comme Gérald que chacun pourra trouver une source d'inspiration, qu'il s'agisse de petits gestes quotidiens ou d'actions plus grandes. Car c'est ensemble, dans la compréhension et l'empathie, que nous pourrons faire de notre monde un lieu où chaque être vivant, humain ou animal, trouve sa place et son bien-être.

J'espère que cette lecture vous touchera, comme elle m'a touchée, et vous encouragera à aller plus loin. Et pour commencer, à croire en ses rêves et j'espère que les vôtres sont aussi fous et animaliers que les miens.

AVANT-PROPOS

Il est toujours très difficile d'expliquer comment et où s'engager pour la défense animale tant les associations et les causes sont nombreuses. Chaque jour, des centaines d'animaux sont abandonnés ou maltraités par leurs propriétaires, et les professionnels du secteur ne savent plus où donner de la tête. Dans un contexte très difficile post-Covid et dans lequel la société se questionne beaucoup sur son rôle à jouer face au monde animal, il est important que chacun d'entre nous puisse prendre sa part pour la cause.

L'idée de ce livre n'est pas de vous donner un *modus operandi* sur la façon dont vous pouvez vous impliquer, mais plutôt de vous faire rencontrer des professionnels qui sont au cœur de ces actions en ayant fait du bien-être animal leur métier.

Comme j'estime qu'il est absolument impossible de dissocier les animaux de compagnie et domestiques des animaux sauvages, j'évoquerai aussi ces animaux dits « sauvages ». Vous verrez comment le réensauvagement de nos campagnes peut résoudre bien des problèmes de santé publique, mais aussi apporter des réponses au réchauffement climatique.

Je ne voulais pas seulement écrire un livre pessimiste en ne montrant que le côté sombre de cette réalité. J'ai aussi regroupé de nombreuses grandes et belles histoires dans lesquelles les animaux nous prouvent au quotidien leur incroyable générosité et leur abnégation envers l'homme et la vie d'une manière générale.

Dans chacune des émissions que je présente, j'essaie de rencontrer des gens passionnés par leur métier. Ils me parlent de leur vie avec les animaux. Ces animaux ont bien souvent changé leur destin. Que ce soient des chiens, des chats, des chevaux, des ânes, des oiseaux ou tant d'autres espèces, les animaux nous comprennent et nous apaisent. Nous avons tant à apprendre d'eux, pour peu que nous acceptions de les écouter et de les comprendre. J'ai essayé de regrouper ici quelques-unes de ces rencontres et de ces histoires.

J'espère que chacun d'entre vous pourra tirer de ces témoignages et récits sa part de vérité et faire ensuite son choix pour avancer sur le chemin de la protection animale.

Gérald Ariano

Chapitre I

Animaux de compagnie, domestiques ou sauvages, quelles différences ?

C'est vrai que l'on s'y perd un peu. Animaux domestiques, animaux de compagnie, animaux sauvages, NAC... Difficile de s'y retrouver dans tous ces classements. Faisons le point. Et pour avoir une réponse claire, regardons simplement ce que dit la loi.

Les animaux domestiques

En France, un foyer sur deux déclare posséder au moins un animal de compagnie à la maison. Selon la Facco (la Fédération des fabricants d'aliments pour chiens, chats, oiseaux et autres animaux familiers), ce chiffre est en constante augmentation. En 2023, notre pays compte 80 millions d'animaux de compagnie.

Mais qu'est-ce qu'un animal domestique exactement ? Selon la loi française :

> *« Un animal domestique est un animal appartenant à une espèce ayant subi des modifications, par sélection, de la part de l'homme. C'est un animal qui, élevé de génération en génération sous la surveillance de l'homme, a évolué de façon à constituer une espèce, ou une race, différente de la forme sauvage primitive dont il est issu. »*

Source : site officiel de l'administration française : Service-public.fr.

En gros, cela veut dire que tous les animaux domestiques sont génétiquement modifiés. D'ailleurs, la loi, toujours elle, établit une liste des animaux domestiques. Les chiens, les chats, les chevaux sont des animaux domestiques, mais aussi les porcs, les dromadaires, le paon blanc, le poisson rouge, le ver à soie.

En sachant cela, regarderez-vous encore votre chat, votre chien ou votre poisson rouge de la même manière ? Oui, vous avez bien lu. Le poisson rouge est également considéré comme un animal domestique. C'est même l'espèce la plus répandue chez nos concitoyens. Selon un sondage Facco Kantar, il y aurait en France plus de 26 millions de poissons rouges, 15 millions de chats, 13,3 millions d'oiseaux et environ 8 millions de chiens. Étonnamment, le meilleur ami de l'homme n'arrive qu'à la quatrième place du podium. En fait, nous avons une image tronquée du chien car c'est l'animal que nous voyons le plus souvent dans la rue. En effet, c'est assez difficile et inconcevable de sortir avec son poisson rouge, son oiseau ou même son chat (même si ceux-ci peuvent aussi être sortis en laisse).

Les animaux de compagnie

Maintenant que nous avons une vision plus claire des animaux domestiques, intéressons-nous aux animaux de compagnie.

Et pour ne pas se tromper, retournons voir ce que dit la loi française. Toujours selon Service-public.fr, un animal de compagnie est :

> *« Un animal détenu ou destiné à être détenu par l'homme pour son agrément. Ce n'est pas nécessairement un animal domestique, ni même nécessairement un animal apprivoisé. »*
>
> (article L214-6 du Code rural et de la pêche maritime)

Pour résumer, tous les animaux que l'homme possède sont considérés comme « de compagnie ». Le chat, le chien, le poisson rouge (encore lui !), mais aussi le lapin, la tortue, etc. Rappelons que posséder un animal de compagnie apporte beaucoup de bonheur, mais demande aussi beaucoup de devoirs. Si vous possédez un animal, il faut lui apporter toute l'attention dont il a besoin pour son bien-être. Le sortir régulièrement si c'est un chien, lui donner à manger tous les jours et plusieurs fois par jour, lui apporter tous les soins nécessaires, lui consacrer des temps de jeux pour renforcer les liens et surtout, ne jamais le battre. Les amendes sont extrêmement sévères si une maltraitance animale venait à être observée.

Les animaux sauvages

Mais qu'en est-il des animaux sauvages ? Là encore, selon Service-public.fr, un animal sauvage est :

« Un animal appartenant à une espèce qui n'a pas subi de modification par sélection de la part de l'homme. Tout animal ne figurant pas dans la liste des animaux domestiques fixée par arrêté ministériel est un animal sauvage. »

En clair, tout ce qui vit dans nos forêts, mais aussi dans nos mers et océans et dans le ciel, et qui n'est pas entretenu par l'homme est considéré comme un animal sauvage. Et pour terminer cette liste à la Prévert, j'ajouterai un petit paragraphe sur les animaux apprivoisés :

« Un animal apprivoisé n'est pas nécessairement un animal domestique. Un animal sauvage peut être apprivoisé. »

En somme, un animal que vous trouvez au zoo est apprivoisé.

« Il n'y a pas de différence fondamentale entre l'homme et les animaux dans leur capacité à ressentir du plaisir et de la douleur, du bonheur et de la misère. »

Darwin

Les NAC

Très à la mode, ces initiales désignent les nouveaux animaux de compagnie, qui n'ont, il faut bien l'avouer, plus rien de nouveau. Le terme a été employé pour la première fois en 1984 par Michel Bellangeon lors d'une conférence à l'École nationale vétérinaire de Lyon. C'était une façon pour ce vétérinaire de classer tous les animaux domestiques et de compagnie, autres que les chats et les chiens. Et la liste est longue. Il y a les rongeurs, les oiseaux, les carnivores (autres que les grands fauves), les tortues, les serpents, les différents lézards, les poissons, certains insectes et les araignées.

Posséder un NAC, qu'il soit domestique ou non, est soumis à une réglementation spécifique. En effet, avoir à la maison une mygale ou une petite grenouille *Dendrobates auratus*, « Cahuita », ne demande pas les mêmes connaissances que pour un chat ou un chien. Je vous recommande fortement de lire les explications très complètes sur le sujet que vous trouverez notamment sur le site du ministère de l'Agriculture, de la Souveraineté alimentaire et de la Forêt, dans la rubrique « Le bien-être et la protection des NAC ». En vous documentant sur ce site, vous serez au clair sur le droit français en matière de possession à la maison de ces nouveaux animaux de compagnie. N'hésitez pas aussi à vous faire conseiller par un professionnel ou par votre vétérinaire spécialisé.

Il existe des dizaines, voire des centaines d'histoires sur les NAC. Je vous en propose quelques-unes qui ont retenu mon attention.

UNE BELETTE VOLANT SUR LE DOS D'UN PIC-VERT, INCROYABLE MAIS VRAI !

Le photographe animalier Martin Le-May se souviendra longtemps de sa promenade champêtre. Alors qu'il était avec sa femme en balade, l'appareil photo en bandoulière, le couple entendit des petits bruits aigus. En se rapprochant, ils découvrirent une belette sur le dos d'un pic-vert. Puis le pic-vert s'envola, emportant avec lui son compagnon. Le temps de prendre son appareil photo, Martin Le-May immortalisa cette scène incroyable : un pic-vert qui vole avec une belette sur le dos. Cette image fit le tour du monde et beaucoup imaginèrent un montage. Des experts en criminologie se penchèrent aussi sur la photographie pour essayer de l'analyser. La conclusion fut sans appel, le cliché était bel et bien authentique. Tout concordait : la position des animaux, les ombres portées qui allaient dans le même sens et même la sensation de vitesse qui apparaissait sur le plumage et les poils des animaux.

Mais alors, si cette photo est vraie, on peut légitimement se poser la question : est-il normal qu'un pic-vert s'envole avec une belette sur le dos ?

Selon David Mizejewski, naturaliste à la National Wildlife Federation, ce comportement est étonnant mais possible. En effet, le pic-vert peut passer beaucoup de temps au sol pour chercher sa nourriture et notamment des fourmis dont il raffole. La belette quant à elle est l'un des prédateurs du pic-vert. Le mammifère profite de ce moment d'inattention de l'oiseau pour se jeter sur lui et planter ses crocs dans la moelle épinière de l'oiseau pour l'immobiliser. C'est certainement ce qui était en train de se passer au moment où Martin Le-May et sa femme sont arrivés. En se rapprochant de « la scène de crime », le couple a dû déranger la belette et l'oiseau en a profité pour s'envoler, emportant avec lui son assaillant. Cependant, le vol ne dura pas longtemps. Il s'arrêta vingt-cinq mètres plus loin, au moment où la belette lâchait prise. Le pic-vert fut sauvé en s'échappant très loin des griffes acérées du petit animal.

LE HÉRISSON, LE SOLDAT DE VOTRE JARDIN

J'ai toujours aimé les hérissons. Je trouve que ces NAC ont une petite bouille vraiment mignonne et tellement craquante. D'ailleurs, selon l'administration française, le hérisson est un « nouvel animal de compagnie », non domestique. Il reste donc sauvage, car protégé depuis 1981. Il est donc interdit d'en acheter un dans le commerce. Vous pouvez simplement en adopter un « s'il se balade dans votre jardin ».

D'ailleurs, savez-vous que ces animaux sont de précieux alliés pour lutter contre les nuisibles de vos espaces verts ? En effet, ces petites boules piquantes adorent les limaces, escargots et autres insectes qui dévorent vos plantes. Avoir ces animaux chez vous permet d'entretenir votre jardin sans pesticide. Et ça, « c'est bon pour la planète ».

Nos amis anglais ont d'ailleurs bien compris l'intérêt de « s'associer à ce petit mammifère » pour diminuer les parasites dans leurs parcs et jardins. Précurseurs en la matière, ils ont mis en place une importante politique d'entretien des espaces verts pour accueillir un maximum de hérissons, permettant ainsi de réduire l'utilisation des produits phytosanitaires. Une vraie *success story* écologique.

Vous connaissez le dicton, « l'herbe n'est pas plus verte ailleurs ». En l'occurrence, sur ce sujet, il semblerait que oui. Je vous propose donc de reproduire ces techniques toutes simples chez vous, en suivant ces quelques étapes :

1 – Un toit

La première chose à faire est de leur offrir l'hospitalité en leur proposant un abri avec des bûches, des feuilles et du compost. Ils pourront s'y réfugier en cas de stress et s'y reposer.

2 – Un bar

Il est important de bien s'hydrater. Même chez les hérissons. Installez des points d'eau à différents endroits du jardin. Faites attention à ce que ces mares ne soient pas trop profondes pour que les animaux qui tombent dedans puissent en ressortir facilement. Il ne faut pas qu'ils s'y noient. Un verre ça va, deux verres, bonjour les dégâts !

3 – Des voies de circulation

Pensez à créer des passages dans vos haies et clôtures pour leur permettre de se déplacer. Le hérisson doit pouvoir circuler d'un jardin à l'autre et ne pas être prisonnier d'un lieu clos. Il doit pouvoir s'échapper en cas d'attaque et explorer d'autres jardins pour se nourrir et étendre son territoire. En suivant ces conseils, votre jardin deviendra à coup sûr un véritable paradis pour ce petit NAC piquant au cœur tout doux.

LES SUPERPOUVOIRS DU GECKO

Les lézards font également partie de la grande famille des NAC. Parmi eux, il y en a un particulièrement intéressant et que tout le monde a déjà vu sur les murs, lors des chaudes soirées d'été, c'est le gecko. Mais connaissez-vous les superpouvoirs de ce NAC ?

D'abord, sa technique de chasse est redoutable.

Lorsque l'animal a repéré sa proie, il s'en approche doucement. Grâce à son excellente vision nocturne et des yeux adaptés à détecter le moindre mouvement dans le noir, le gecko peut rapidement isoler sa proie avant de se jeter dessus. En déployant sa langue collante en moins d'une seconde, la bête ne laisse aucune chance à sa victime.

Autre superpouvoir du gecko, l'incroyable adhésion de l'animal sur les parois verticales. Il doit cette capacité à ses millions de poils microscopiques qu'il possède sur chacune de ses pattes. Ces poils, que l'on appelle des *setae*, sont comme des fils de soie qui mesure environ cent micromètres, ce qui est, à peu près, l'épaisseur d'un cheveu. Grâce à ces poils, le gecko peut supporter jusqu'à quarante fois son poids.

Le gecko possède également une arme ultime pour tromper son ennemi. En cas d'attaque, il peut détacher sa queue, qui continuera à bouger quelques minutes, provoquant un leurre, assurant ainsi sa survie.

Une autre queue repoussera en quelques semaines sur le lézard, qui pourra à nouveau s'en servir, si le danger revenait.

Une dernière chose étonnante que possède le gecko, il est le seul lézard à vocaliser. Je me souviens en avoir entendu lors d'un voyage à Bali. Ces lézards produisent un petit son qui ressemble plus à des grognements ou claquements qu'ils émettent pour communiquer entre eux, lorsqu'ils se sentent menacés ou lors de l'accouplement.

Avec ses différents superpouvoirs, le gecko combine parfaitement l'agilité, la résilience et la communication, faisant de ce petit animal l'un des plus étonnants du règne animal.

LE MARTINET, UN OISEAU EXTRAORDINAIRE

Ce petit volatile peut voler jusqu'à six mois sans jamais se poser. Le seul moment où vous pouvez voir un martinet au sol, c'est lors de la nidation et la reproduction. Il peut également voler sur de très longues distances. Par exemple, lors de sa migration entre le Sahara et la France, il va parcourir entre 7 000 et 10 000 km sans jamais se poser et à des vitesses incroyables pouvant atteindre plus de 200 km/h en piqué avec une vitesse de croisière comprise entre 60 et 100 km/h. Encore plus incroyable, ce petit oiseau dort en volant. Il se sert des courants ascendants pour monter à très haute altitude et planer en dormant.

Focus sur les oiseaux (NAC)

Parmi tous les animaux domestiques, les oiseaux sont également très appréciés des Français. Il est assez difficile de donner un chiffre exact sur le nombre de volatiles détenus par nos compatriotes. Mais les spécialistes estiment qu'il y aurait environ 5,3 millions d'oiseaux chez les Français et 13,3 millions d'oiseaux de basse-cour. Mais si ces chiffres sont importants pour les animaux domestiques, cela cache une autre réalité bien plus tragique. La population des oiseaux sauvages aurait, quant à elle, diminué de 25 % en vingt-cinq ans.

La plupart des espèces peuvent être détenues sans engendrer des démarches administratives en amont tandis que d'autres nécessitent d'avoir une déclaration de détention à demander auprès du service compétent. Pour une partie des oiseaux, notamment des espèces exotiques difficiles à maintenir, il est nécessaire de posséder un certificat de capacité. Pour l'obtenir, il vous faudra monter un dossier complet et suivre plusieurs heures de formation avant de pouvoir déposer votre demande auprès des services vétérinaires de votre département. Vous serez également amené à présenter votre dossier à un jury de spécialistes qui estimera si vous êtes en mesure ou non de détenir les espèces demandées.

La cage, ou plutôt la volière, dans laquelle vous allez mettre vos oiseaux doit être suffisamment grande pour qu'ils se sentent à l'aise.

L'alimentation doit également être en rapport avec l'espèce. Attention aux mélanges de graines et autres aliments que vous trouvez en grande surface. Ils peuvent provoquer certaines carences en vitamines et en minéraux notamment. Renseignez-vous auprès de votre vétérinaire ou d'un spécialiste pour être sûr de donner une nourriture adéquate à votre oiseau.

N'oubliez pas que votre animal doit être identifié par une bague ou par une puce implantée sous le plumage, dans le muscle pectoral.

Et surtout, n'achetez jamais d'animaux sur Internet. Ils peuvent être issus de trafic ou simplement pas en règle. Certains sont même porteurs de maladies. Les refuges possèdent beaucoup d'oiseaux à adopter. N'hésitez pas à entrer en contact avec eux ou avec des éleveurs passionnés. Veillez aussi à bien

vous renseigner en amont afin de faire le bon choix et de pouvoir être sûr de répondre aux besoins de l'animal choisi.

Attention : la plupart des espèces d'oiseaux détenues en France ne sont pas considérées comme domestiques mais comme sauvages. En effet, on distingue les animaux sauvages des animaux domestiques en se fondant sur des critères relatifs à la domestication de l'animal. L'animal sauvage n'a subi aucune modification génétique par sélection au contact de l'homme contrairement à l'animal domestique. D'ailleurs, la plupart des NAC sont des espèces non domestiquées. À ne pas confondre avec apprivoisées dans le cas des perroquets par exemple.

Le saviez-vous ?

Le bec de votre animal est un indice parfait qui vous orientera vers le type de nourriture qui lui convient.

Bec crochu = granivore.
Bec fin = insectivore.

Entretien avec

Alan Braichet

EXPERT OISEAUX (NAC)

Alan Braichet est suisse et amoureux des perroquets depuis son enfance. Sur Instagram, plusieurs milliers de personnes suivent ses aventures quotidiennes avec ses « piafs », comme il les appelle affectueusement. Entre câlins et vols libres, il nous fait partager au fil de ses publications son amour des oiseaux. Mais la passion d'Alan ne se résume pas qu'à mettre en ligne sa vie avec ses perroquets.

Ce jeune homme est expert des oiseaux exotiques et notamment des perroquets. Il intervient auprès de nombreux professionnels et particuliers. Les volatiles sont classés dans la catégorie des NAC (nouveaux animaux de compagnie). En détenir demande des connaissances pour leur bien-être mais aussi des règles selon l'espèce que vous possédez. Entre certificat de capacité et détention simple, faisons le point avec lui pour pouvoir cohabiter en toute légalité et dans le respect des animaux.

Entretien avec

Gérald Ariano
D'où vient cette passion pour les oiseaux ?

Alan Braichet
Elle a toujours été omniprésente chez moi. Au départ au sens large, j'étais passionné par tous les animaux, puis au fur et à mesure, cela s'est précisé. J'aime les plumes et la symbolique qui se cache derrière elles. Les oiseaux et leur vol représentent la liberté absolue pour moi. Avec le temps, ils sont devenus mon exutoire, ma bouffée d'oxygène et mon moteur quotidien. J'ai commencé par m'intéresser aux perruches et aux perroquets parce qu'ils avaient la réputation d'être intelligents et interactifs. À vrai dire, je n'avais pas imaginé une seule seconde que je pourrais développer une telle relation avec ces oiseaux. Petit à petit, j'ai découvert des animaux sensibles et observateurs, réfléchis et malins, drôles et espiègles.
Lorsque j'ai dû choisir mon métier, il m'est apparu évident que je travaillerai au service des animaux. J'avais d'abord envisagé de devenir vétérinaire, mais l'occasion ne s'est pas présentée. J'ai donc opté pour un CFC (certificat fédéral de capacité) de gestionnaire du commerce de détail spécialisé dans le commerce zoologique. J'ai ensuite suivi des cours de biologie et d'éthologie afin de parfaire mes connaissances dans différentes structures animalières. Puis je me suis installé à mon compte en tant que spécialiste des perroquets. Aujourd'hui, j'aide les particuliers et les professionnels à mieux comprendre et mieux vivre avec leurs oiseaux. Je mets mes compétences à leur service afin de les aider à créer ou améliorer la relation avec leurs volatiles, à résoudre des problématiques diverses (agressivité, cris, picage, etc.) et à valoriser leur qualité de vie (relationnel, milieu de vie, enrichissements, vol libre).

G. A.
Combien avez-vous d'oiseaux chez vous ?

A. B.
Actuellement, je détiens une quinzaine de perroquets. Ce sont les animaux qui me correspondent le mieux et ceux qui m'accompagneront certainement toute ma vie. Cependant, ce ne sont vraiment pas des animaux qui peuvent correspondre à tout un chacun. Comme je le disais juste avant, ils ont un nombre incalculable de qualités. En revanche, ils ont aussi une quantité de besoins spécifiques qu'il faut impérativement satisfaire pour pouvoir profiter pleinement de ces animaux si particuliers. Chaque espèce a des besoins différents en matière d'alimentation, d'occupation, d'espace, de vol et d'interactions.

G. A.
Vous avez choisi de vivre avec des oiseaux exotiques. Qu'ont-ils de plus que les autres ?

A. B.
Je pense qu'il faut choisir ces animaux pour les bonnes raisons, et en ayant conscience de leurs besoins. Il faut être prêt à s'adapter et à faire le nécessaire pour leur épanouissement.
Je pense qu'en 2025, nous n'avons plus le droit d'acheter un oiseau pour le mettre seul dans une petite cage avec un perchoir, un miroir et des graines. Il est grand temps de prendre conscience

que ce ne sont pas des objets de décoration qui peuvent siffler ou imiter juste pour notre plaisir. Il est de notre devoir, en tant qu'humain responsable, de nous renseigner sur leurs besoins individuels et de veiller à leur bien-être. Il y a tellement d'espèces d'oiseaux exotiques qu'il y a de quoi se perdre. Heureusement, nous avons beaucoup plus facilement accès à l'information qu'il y a quelques années. Cependant, tout n'est pas bon à prendre… En faisant les choses bien et en étant préparé, c'est tellement plus intéressant et enrichissant de les observer, de les chouchouter et d'interagir avec eux. Un bon propriétaire de perroquets devra être patient (faites-moi confiance, ça s'apprend) et observateur. Il devra aussi savoir se remettre en question et devra surtout être passionné. Cela me semble nécessaire pour accepter toutes les contraintes liées à leur détention… Les cris, la destruction du mobilier, les fientes et j'en passe. Ce n'est pas toujours une partie de plaisir.

G. A.

On voit bien sur vos réseaux sociaux qu'il y a une très forte relation entre vous et vos « piafs ». Ils vous suivent partout, vous font des câlins… C'est un comportement atypique pour des oiseaux.

A. B.

Ce n'est pas vraiment normal, mais ce n'est pas complètement anormal non plus. On retrouve de manière assez régulière des oiseaux dits « EAM » (élevés à la main). Pour ma part, je ne suis pas du tout contre ce processus, qui nous a non seulement permis de faire croître les populations d'oiseaux au bord de l'extinction, mais c'est aussi ce qui nous permet d'avoir des oiseaux de « compagnie » désensibilisés, socialisés et manipulés lorsque c'est bien fait. Cette méthode d'élevage facilite les échanges et leur intégration au sein de nos foyers bien qu'il faille garder en tête que ces oiseaux ont les mêmes besoins que les autres. Même s'il peut paraître plutôt facile d'interagir avec un jeune oiseau qui n'a pas encore affirmé son caractère, il est nécessaire d'avoir les bonnes approches pour que la relation s'instaure et continue de se développer et de se renforcer. Ce n'est pas inné pour nous de « parler » perroquet !

Oubliez les contraintes, les réprimandes et les punitions, ça ne fonctionnera pas. En revanche, il ne faut pas hésiter à favoriser la coopération et la psychologie inversée. Pour ce qui est des oiseaux totalement farouches, l'apprivoisement peut prendre du temps et le lien difficile à créer. Malgré tout, je pense qu'avec de la patience et de bonnes approches, on arrive à tout.

G. A.
Cette relation homme/animal n'est-elle pas un danger pour vos oiseaux ? Que se passerait-il si un jour, vous ne pouviez plus vous en occuper ?

A. B.
Ça peut effectivement être problématique dans certains cas. Mais pour ma part, je ne suis pas complètement indispensable à mes oiseaux. C'est aussi pour cette raison qu'ils vivent en couple, au sein d'un groupe. Cela évite au maximum la dépendance. La relation n'en est que plus saine. Il s'agit d'animaux avec des besoins considérables en matière d'interactions. Et en aucun cas, un humain ne pourra les satisfaire pleinement. Je suis un plus, un membre du groupe social avec lequel ils aiment partager et interagir. Mais ma présence reste limitée. Donc, s'il m'arrivait quelque chose, ce serait une épreuve, un deuil pour mes oiseaux, sans aucun doute. Ils me chercheraient pendant quelque temps, très certainement. Malgré tout, ils sont, par nature, beaucoup plus à même de gérer le deuil que nous. Ça peut paraître étrange, mais il m'est paru normal d'envisager toutes les possibilités pour assurer la qualité de vie de mes oiseaux. C'est pour cette raison que j'ai écrit mon testament et que j'ai trouvé des solutions pour mes oiseaux depuis que je les ai sous ma responsabilité. Malheureusement, nous ne sommes à l'abri de rien. De plus, ce sont des animaux qui peuvent atteindre des records de longévité et qui peuvent vivre facilement jusqu'à 50 ou 60 ans.

G. A.
Les oiseaux sont des NAC, quelles sont les règles à connaître pour en avoir chez soi ?

A. B.
En France, c'est assez simple finalement. Malheureusement, il n'y a actuellement aucune loi relative au bien-être de ces animaux, ni de normes de détention comme en Suisse, par exemple. En revanche, pour détenir des oiseaux légalement, il y a parfois quelques conditions à respecter. Ces conditions sont administratives uniquement.

G. A.
Que dit la loi sur la détention des oiseaux exotiques, en France ?

A. B.
Pour commencer, il faut savoir que les oiseaux exotiques (non domestiques) sont classés en trois catégories en fonction de leur degré de protection. S'ils sont plus ou moins menacés.
Les oiseaux classés en annexe I de la CITES, qui se traduirait en français par « Convention sur le commerce international des espèces de faune et de flore sauvages menacées d'extinction », sont ceux qui sont le plus protégés, comme le perroquet gris du Gabon (*Psittacus erithacus*), l'ara rouge (*Ara macao*) ou encore le cacatoès des Moluques (*Cacatua moluccensis*). Pour les détenir, il est nécessaire de demander une déclaration de détention (c'est une simple formalité administrative) auprès de la préfecture.
Lorsque vous souhaiterez acheter un oiseau en annexe I, le vendeur devra vous faire remplir un certificat de cession, l'oiseau devra être identifié et

accompagné d'un certificat intracommunautaire (CIC), d'une déclaration de marquage, d'une petite fiche explicative sur l'espèce en question et il devra également être inscrit au fichier national I-fap (identification de la faune sauvage protégée).

Les autres oiseaux en annexe II et III, comme l'amazone à front bleu (*Amazona aestiva*), le cacatoès rosalbin (*Eolophus roseicapilla*), le youyou du Sénégal (*Poicephalus senegalus*), ne sont normalement pas soumis à des conditions particulières. Vous devrez tout de même posséder tous les documents nécessaires. Cependant, certains oiseaux en annexe II sont protégés par les articles L411-1 et L411-2 et sont donc soumis à une déclaration de détention comme l'ara bleu et jaune (*Ara ararauna*), l'ara chloroptère (*Ara chloropterus*) ou encore le caïque à tête noire (*Pionites melanocephalus*). Il y a également des quotas à prendre en compte. Au-delà, vous serez obligé de passer votre certificat de capacité. Vous aurez aussi besoin de ce certificat de capacité pour détenir certaines espèces ou pour faire reproduire les oiseaux en annexe I.

Ensuite, il y a les espèces dites « domestiques », celles qui peuvent être détenues sans condition particulière. C'est le cas des canaris, des perruches ondulées, des perruches calopsittes, des inséparables ou des diamants mandarins.

Notez également que la détention des oiseaux sauvages de faune sauvage est strictement interdite.

La législation en la matière change très rapidement. N'hésitez pas à vous rapprocher de la DDPP (direction départementale de la protection des populations) de votre département ou de vous renseigner sur le site du gouvernement www.legifrance.gouv.fr.

G. A.

Depuis 2024, les animaux ne peuvent plus être vendus en animalerie. Que pouvez-vous conseiller à ceux qui souhaitent se lancer dans l'aventure des oiseaux de compagnie ?

A. B.

De ne surtout pas en acheter qu'un, mais de les adopter par deux et de se renseigner sur leurs besoins. Je conseille à toutes les personnes qui souhaitent acquérir des perroquets de se former auprès des professionnels afin d'être sûres de leur choix, mais aussi d'avoir les bonnes clés en main dès le départ et d'éviter de commettre certaines erreurs. Prenez le temps de la réflexion et n'oubliez jamais qu'un oiseau n'est pas un jouet. Vous devez être pleinement conscient de l'engagement et de la responsabilité que l'acquisition de ce type d'animaux représente.

Fiente, pourquoi les déjections des oiseaux sont-elles blanches ?

Les oiseaux n'ont qu'un orifice pour pondre (si c'est une femelle), disperser leurs spermatozoïdes pour les mâles et évacuer leurs déchets (pour les deux genres). Tout passe par le même trou, que l'on appelle le cloaque.

Et comme les oiseaux ont besoin d'être légers pour voler, ils se débarrassent très régulièrement de leurs déjections. Cela peut aller d'une centaine de fois pour les petits à une fois par jour pour les plus gros.

Si vous avez déjà reçu une crotte d'oiseau sur l'épaule (je vous rassure, ça arrive à tout le monde), vous avez certainement remarqué les deux couleurs, blanc et noir ou blanc et vert.

Le blanc est en fait de l'acide urique. C'est de l'urine ultraconcentrée. L'autre partie colorée (vert ou noir) dépend de l'alimentation des oiseaux. Plus l'oiseau mange des protéines (poisson/viande...), plus ses fientes sont blanchâtres. Plus il mange de baies avec pépins et plus vous trouverez des parties dures dans les déjections. Ce sont les pépins qui ressortent. Une excellente façon pour les plantes de se disséminer et d'assurer leur reproduction.

Mais alors, si les oiseaux n'ont qu'un cloaque, est-ce qu'ils émettent aussi des gaz par cet orifice ? La réponse est non. Les oiseaux ne pètent pas. Grâce à leur digestion ultrarapide, le gaz n'a pas le temps de s'accumuler dans l'intestin et donc évite les pets.

Fabriquer une boule de graisse

L'hiver arrive et c'est le moment de penser aux petits oiseaux qui vont devoir chercher à manger durant les longs mois froids. Comme beaucoup d'entre nous, vous réfléchissez peut-être à les aider en achetant des boules de graisse disponibles dans le commerce.
Donner à manger aux oiseaux en hiver est une bonne chose, car la nourriture se fait rare et le fait de chercher longtemps de quoi se nourrir épuise les petits animaux.
Mais ces boules de graisse vendues en grandes surfaces ne sont pas forcément de bonne qualité **et les filets qui les entourent représentent un grand danger**. Cette nourriture est trop grasse et sursaturée en acide gras. Le problème est que cette alimentation peut être à l'origine de cas d'athérosclérose aviaire. Comme chez les humains, cette maladie des artères, due à une alimentation trop riche, peut provoquer des accidents vasculaires cérébraux chez les oiseaux.
Avant d'acheter, renseignez-vous sur la composition de ces boules alimentaires. Le mieux étant de les fabriquer vous-même. De nombreux sites proposent des recettes faciles à réaliser. Voici celle de la LPO, la Ligue de protection des oiseaux.

Matériel

500 g de graisse animale (beurre ou saindoux) ou végétale (graisse de coprah, de coco ou margarine) non salée ;
graines (tournesol, arachide…) ;
1 saladier ;
1 ramequin ;
du raphia ou de la ficelle.

Préparation

1. Mettez dans le saladier la graisse ramollie, coupée grossièrement. Ajoutez au moins six ramequins de graines. Mélangez le tout.
2. Formez des boules de la taille d'une mandarine. Vous pouvez y ajouter une boucle de ficelle ou de raphia dans la boule pour la suspendre, où vous pourrez mettre les boules dans une mangeoire ou un support adéquat.
3. Placez les boules obtenues au réfrigérateur toute une nuit.
4. Suspendez les boules de graisse dans les branches d'un arbre.

Pensez à toujours enlever les filets des boules de graisse, car les oiseaux peuvent s'emmêler les pattes dedans.

Chapitre II

Comment se définit le bien-être animal ?

« Les catégories qui divisent constamment les hommes n'existent pas chez les animaux : pour eux, il n'y a pas les riches, les pauvres, les beaux, les laids… »

Jacques Perrin

La notion de bien-être animal

Depuis ma plus tendre enfance, j'ai toujours été entouré d'animaux à la maison. Le premier chat que nous avons eu avec mes parents s'appelait « Popset ». J'étais très jeune, mais je garde un tendre souvenir de ce chat de gouttière, qui avait dû arriver à la maison un peu par hasard. Bien plus tard, c'est « Boule de neige » qui fit son arrivée dans la famille. Inutile de vous faire un dessin quant à la couleur du pelage de celle que nous affublions avec mes sœurs du surnom peu élogieux de « Bouboule ». Elle est arrivée un matin d'hiver dans le chalet de mes grands-parents. Elle avait passé la nuit dehors – peut-être deux, peut-être trois – et cherchait désespérément à manger. Bien sûr, nous l'avons recueillie, nourrie et réchauffée. « Bouboule » ne nous a plus jamais quittés... jusqu'à son « départ ».

Je reparlerai d'ailleurs du sujet du décès de nos animaux de compagnie dans un autre chapitre.

Plus tard, alors que j'avais quitté la maison, mes parents prirent deux magnifiques malinois, Tekila et Esmé, toutes les deux adoptées dans une association.

Quant à moi, j'ai eu tour à tour Virgule, Zack, Sasha et Snow. Les trois premiers sont des chats adoptés dans des refuges de la SPA lors du tournage de mes émissions télé. Snow, quant à elle, est une magnifique highland lynx achetée chez un éleveur parisien.

Je n'imagine pas ma vie sans animaux. Avoir un animal est synonyme de grands bonheurs. De moments de partage, de jeux, de rire et de complicité. Avoir un animal à la maison, c'est un plaisir quotidien tant il offre à son propriétaire de l'amour, sans rien attendre en retour.

Et pourtant, comme vous le savez, les grandes joies sont toujours accompagnées de grands devoirs. L'un ne va pas sans l'autre. Et en matière de bien-être animal, il ne faut pas négliger cet aspect. Comme des millions de Français, vous allez peut-être passer le cap et avoir bientôt à vos côtés un animal de compagnie. Vous l'avez d'ailleurs peut-être déjà franchi récemment. Bravo.

Sachez que c'est la plus belle chose que vous avez ou allez faire.

Mais le bonheur du petit être que vous allez bientôt tenir entre vos mains ne dépendra que de vous. Il faut donc, en responsabilité, être bien conscient de ce qui vous attend.

Voici quelques conseils pour que ces prochaines années soient une parfaite réussite pour vous et pour lui.

La notion de « bien-être animal » est relativement nouvelle. Elle intègre différents critères. Selon le ministère de l'Agriculture, le bien-être des animaux est défini comme

« l'état mental et physique positif lié à la satisfaction des besoins physiologiques et comportementaux, ainsi que des attentes des animaux ».

Pour être plus simple, un animal est dans un état de bien-être si physiquement et mentalement, il se sent en confiance.

L'Organisation mondiale de la santé animale (OIE) reprend à son compte cinq critères pour assurer le bien-être animal.

- Absence de faim, de soif et de malnutrition : il doit avoir accès à l'eau et à une nourriture en quantité appropriée et correspondant aux besoins de son espèce.
- Absence de peur et de détresse : les conditions d'élevage ne doivent pas lui induire de souffrances psychiques.
- Absence de stress physique et/ou thermique : l'animal doit disposer d'un certain confort physique.
- Absence de douleur, de lésions et de maladie : l'animal ne doit pas subir de mauvais traitements pouvant lui faire mal ou le blesser et il doit être soigné en cas de maladie.
- Liberté d'expression d'un comportement normal de son espèce : son environnement doit être adapté à son espèce.

CONNAÎTRE NOS DROITS ET DEVOIRS ENVERS NOTRE ANIMAL

Avoir un animal de compagnie procure un immense bonheur et des joies multiples tout au long de la vie. C'est un être vivant qui entre dans votre famille. Il va faire partie de votre quotidien pendant de nombreuses années et vous allez tisser ensemble des liens très forts. Mais si posséder un animal est source de grande satisfaction, c'est aussi énormément de responsabilités. Un animal n'est pas un jouet que l'on achète sur un coup de cœur et que l'on jette dès le premier problème survenu. Adopter un animal, c'est passer un contrat entre lui et vous. Il va vous aimer de toutes ses forces, vous devez en retour l'aimer tout aussi fort et prendre soin de lui chaque jour. Avant de vous lancer dans cette grande et belle aventure, sachez que tout animal grandit. Le mignon petit chiot que vous allez adopter va prendre entre 4,5 et 6 kg ou plus. Que le joli petit chaton fera de même. Et que dire des cochons d'inde et autres NAC (nouveaux animaux de compagnie) qui vont également se développer ?

Serez-vous toujours aussi « *in love* » devant votre gros toutou ou votre beau chat lorsqu'ils auront atteint leur taille adulte ? Posez-vous vraiment la question avant l'acte d'adoption ou d'achat. Ensuite, sachez qu'un animal coûte cher. Entre les soins, la nourriture et éventuellement les assurances,

ce n'est pas à coût zéro. Ne vous lancez pas non plus dans cette démarche si vous n'en avez pas les moyens.

Et puis un animal, cela demande des visites régulières chez le vétérinaire. Là aussi, il faut prévoir un budget.

Comme je le disais plus haut, le contrat que vous allez passer avec votre animal vous oblige à prendre soin de lui, dès le début de votre relation et jusqu'à sa mort. N'oubliez jamais que votre animal a besoin de vous. Sa vie est entre vos mains. Voilà une très grande responsabilité.

Le saviez-vous ?

En France, la condition animale n'a évolué que très récemment. C'est seulement en 2015 que le Code civil précise : « *Les animaux sont des êtres vivants doués de sensibilité. Sous réserve des lois qui les protègent, les animaux sont soumis au régime des biens.* »

À noter qu'en 2021, la loi a continué d'évoluer. Le futur propriétaire d'un animal doit signer un « certificat d'engagement et de connaissance » et respecter un délai de réflexion de sept jours avant de prendre possession d'un animal. Que la vente de chiens et de chats est interdite en animalerie depuis 2024. Que les spectacles de dauphins et d'orques seront interdits dès 2026 et que les animaux dans les cirques itinérants seront interdits à partir de 2028.

Le saviez-vous ?

Les dents du lapin poussent toute leur vie. Le moins que l'on puisse dire, si vous avez déjà vu un lapin de près, c'est qu'il a une denture particulière. On ne peut vraiment pas dire que nos si jolis lapins aient une fine bouche. Mais alors pourquoi cette forme de dents ? Il doit y avoir une raison, non ?

En effet, cette denture facilite leur alimentation. Comme tous les lagomorphes, nos lapins sont herbivores. Ils possèdent vingt-huit dents. Les incisives, qui se trouvent au-devant de la gueule, permettent de couper l'herbe. Les mâchoires quant à elles ont un mouvement latéral qui agit comme un tapis roulant en envoyant la nourriture aux molaires et prémolaires, qui se trouvent au fond de la gueule, et servent à la mastication. Les dents du lapin, que l'on dit « hypsodontes », poussent entre 2 et 2,4 mm par an. L'action de manger de l'herbe ou du foin de manière répétée permet à nos rongeurs de limer leurs quenottes. Le mouvement des mâchoires quant à lui augmente l'usure des dents qui vont se croiser de l'une à l'autre.

Voilà pourquoi il est important de donner de l'herbe ou du foin à votre animal. C'est l'action de la mastication qui permet de limer les dents. Une alimentation trop riche en granulés n'aura pas le même résultat. Votre lapin aime l'herbe, il doit donc manger de la verdure tous les jours.

Malgré cela, une visite annuelle chez votre vétérinaire s'impose. En effet, à l'état sauvage, les lapins mangent tout le temps, ce qui n'est pas le cas en captivité. Votre vétérinaire va donc vérifier que la denture de votre lapinou est bonne. Sinon, il aura droit comme vous à un petit coup de fraise... Ouvrez la bouche. Bzzzzzzzzz !

Devenir vétérinaire

Dr Cyrill Poncet

C'est un métier qui fait rêver de nombreux Français amoureux des animaux, souvent dès le plus jeune âge, et les débouchés sont nombreux. Vous pouvez, entre autres, être vétérinaire de ville, de campagne, spécialisé dans les animaux de compagnie ou sauvages.

Mais saviez-vous que vous pouvez aussi vous former pour la recherche médicale, travailler dans l'alimentaire, auprès des armées ou encore dans la recherche pharmaceutique ? N'hésitez pas à vous rapprocher de l'ordre national des vétérinaires (www.veterinaire.fr), des différentes écoles lors de leurs journées portes ouvertes. Il y a aussi les salons étudiants qui sont une bonne solution pour connaître toutes les possibilités de travailler dans la filière. Sans oublier le Salon de l'agriculture, qui se tient chaque année en février à Paris. Dans les allées de la porte de Versailles, vous pourrez rencontrer de nombreuses personnalités, syndicats ou groupes, et pourrez discuter avec eux des débouchés.

« Je me sers des animaux pour instruire les hommes. »

Jean de la Fontaine

En France, il existe quatre grandes écoles nationales vétérinaires publiques. Elles se trouvent à Maisons-Alfort, à Toulouse, à Nantes et à Lyon (École nationale des vétérinaires de Maisons-Alfort et de Toulouse, l'École nationale vétérinaire agroalimentaire et de l'alimentation de Nantes-Atlantique, VetAgro Sup à Lyon). Une école privée vient également d'ouvrir ses portes à Rouen (UniLaSalle).

Les étudiants vétérinaires ont pendant cinq ans un tronc commun de formation pour apprendre les bases du métier avant de se spécialiser. J'y reviendrai plus en détail dans l'interview que j'ai menée avec le Dr Cyrill Poncet. Côté salaire, un vétérinaire débutant commence autour de 2 000 € brut mensuel pour monter ensuite à 5 000 €, voire plus si le vétérinaire est spécialisé. Inutile de vous dire qu'il ne faut pas compter ses heures dans ce secteur. Un vétérinaire peut travailler entre dix et douze heures par jour. Il faut pouvoir assurer ces latitudes horaires importantes. Mais plus que le salaire et les heures, c'est surtout l'amour des animaux qui conduit les Français à se diriger vers ce métier.

Entretien avec

Dr Cyrill Poncet

VÉTÉRINAIRE CHIRURGIEN, SPÉCIALISÉ AU CHV FRÉGIS À PARIS

Il est spécialisé dans la chirurgie des tissus mous des animaux de compagnie. Cette spécialité concerne la chirurgie digestive, cardiaque, urinaire, ORL, cutanée et reconstructrice.
Il exerce au sein de la plus grande et ancienne structure vétérinaire de France. Avec ses cent quatre-vingt-sept ans d'histoire, le CHV (Centre hospitalier vétérinaire) a placé le bien-être animal et la recherche de l'excellence au cœur de son action. Aujourd'hui, cette clinique est ce qu'il y a de mieux en matière de soins aux animaux. Le Dr Cyrill Poncet nous explique comment on devient vétérinaire et quels sont les débouchés possibles.

Gérald Ariano
Frégis est une histoire Française qui a débuté en 1836. Racontez-nous comment cela a commencé.

Dr Cyrill Poncet
En effet. L'histoire de Frégis commence à Paris avec Camille Leblanc, qui était alors un tout jeune vétérinaire. À cette époque, seuls les soins des animaux de la ferme étaient enseignés dans les écoles. Il a donc créé la première clinique vétérinaire française dédiée aux animaux de compagnie et s'est installé au pied de la butte Montmartre. Ensuite, c'est le Dr Gustave Eugène Frégis qui prend la succession de cette clinique et lui donne son nom définitif. Il y développe un hôpital vétérinaire et accueille même Louis Pasteur pour participer aux recherches sur le traitement antirabique.
Avec ces travaux sur la rage, la renommée de Frégis est très vite devenue internationale. Le tsar de Russie ou encore Sarah Bernhardt ont envoyé leurs animaux pour les faire soigner et c'est comme ça que Frégis est entré dans l'histoire.
Cent cinquante ans plus tard, les valeurs de recherche d'excellence sont toujours là. L'hôpital garde encore son nom et le Centre hospitalier vétérinaire Frégis est aujourd'hui la plus ancienne et la plus grande structure vétérinaire de France !

G. A.

Quelles sont les spécialités que les propriétaires d'animaux peuvent trouver chez vous ?

C. P.

Notre hôpital propose actuellement quinze spécialités aux propriétaires de chien, de chat ou de nouveaux animaux de compagnie (NAC). On retrouve, entre autres, la cardiologie, la chirurgie des tissus mous, les interventions mini-invasives, la dermatologie ou encore les urgences et soins intensifs. Mais nous continuons à nous développer. D'autres spécialités seront proposées dans les mois à venir comme la dentisterie et la reproduction par exemple. Mais surtout, ces spécialités sont animées par des vétérinaires qui disposent d'un diplôme spécifique pour cela. Cela en fait donc aussi le plus grand regroupement de vétérinaires spécialistes en France.

G. A.

Quel cursus scolaire doit-on suivre pour devenir vétérinaire ?

C. P.

Il existe actuellement plusieurs voies pour obtenir son diplôme de docteur vétérinaire. Le prérequis indispensable est l'obtention du baccalauréat. À partir de là, on peut tenter d'intégrer une école vétérinaire française par différents systèmes, allant de la prépa intégrée, des écoles préparatoires ou d'autres concours ouverts dans certaines voies universitaires. En France, seules les quatre écoles vétérinaires de Lyon (VetAgro Sup), Maisons Alfort (ENVA), Nantes (Oniris) et Toulouse (ENVT) et l'unique école privée UniLaSalle Rouen délivrent le diplôme d'État de docteur vétérinaire. La durée des études après l'entrée dans une de ces cinq écoles françaises est de cinq années en moyenne.
Il existe également la possibilité de se former dans une école européenne en post-bac, le plus souvent sur dossier. De nombreux pays proposent désormais un cursus délivrant le diplôme vétérinaire de cinq à six années également. Et ce sont actuellement plus de 50 % des jeunes confrères qui font leur formation à l'étranger !

G. A.

Après les cinq années de tronc commun pour apprendre les bases du métier, en combien d'années un étudiant peut-il se spécialiser ?

C. P.

Ce sont encore environ cinq années supplémentaires de formation pour se spécialiser et obtenir un diplôme de vétérinaire spécialiste ! En effet, à l'image de la médecine humaine, il faut compter en moyenne deux années d'internat/assistanat après la sortie de l'école puis au moins trois années de spécialisation appelée « résidence » dans la discipline concernée pour être vétérinaire spécialiste. Me concernant, j'ai obtenu mon diplôme de vétérinaire spécialiste en chirurgie en 2016, soit quatorze ans après avoir obtenu mon baccalauréat.

G. A.
Quelle spécialisation est la plus demandée et à l'inverse, laquelle ou lesquelles sont délaissées par les étudiants ?

C. P.
La spécialisation est très demandée dans la plupart des disciplines et, même avec une grande volonté, les jeunes vétérinaires ne peuvent pas tous obtenir de résidence pour se spécialiser. Je dirais que les spécialités comme la médecine interne, la chirurgie ou l'imagerie médicale sont aujourd'hui les plus recherchées.

G. A.
Ce sont des études longues et coûteuses. Quel budget faut-il prévoir pour achever son cycle de formation ?

C. P.
Ce sont effectivement de longues études, d'une durée tout à fait comparable à la médecine humaine quand on souhaite se spécialiser. Les premières années d'études en école sont très peu coûteuses quand elles sont effectuées dans une des quatre écoles françaises publiques. En revanche, chaque année d'étude coûtera entre 7 000 et 16 000 euros dans les écoles privées françaises ou européennes. Après l'obtention du diplôme de vétérinaire, la plupart des formations visant la spécialisation proposent une rémunération minimale, mais suffisante pour subvenir aux besoins élémentaires, financer et poursuivre son cycle de formation vers la spécialisation.

G. A.
N'avez-vous pas peur que ce métier ne s'adresse qu'à une élite argentée ?

C. P.
Oui, effectivement, au-delà de l'investissement personnel important pour réaliser ces études, le financement peut rapidement devenir une préoccupation sur la durée. Le cursus dans une école publique est sans doute d'un coût abordable, mais reste plus sélectif à l'entrée que la plupart des autres écoles du secteur privé.

G. A.
Quelle solution est envisageable pour celles et ceux qui ont moins de moyens ?

C. P.
Comme aux États-Unis, bon nombre d'étudiants font le choix de contracter un emprunt pour financer leurs études. Le salaire d'un vétérinaire est ensuite généralement confortable et permet de rembourser cet emprunt assez rapidement.
Il existe aussi la possibilité de travailler dès les premières années d'étude comme auxiliaire vétérinaire dans une clinique vétérinaire sur ses temps libres. C'est une bonne façon de découvrir le métier tout en assurant ses fins de mois. Enfin, les étudiants de dernière année peuvent également travailler en faisant des gardes de nuit ou des week-ends, puisque notre profession nous autorise à rester ouverts pour assurer les urgences !

G. A.
Frégis a toujours accueilli des étudiants. Comment est-ce que cela se passe ?

C. P.
Nous accueillons en permanence de nombreux étudiants pour des stages de courte durée, venant directement de l'école vétérinaire de Maisons-Alfort, située à quelques minutes seulement de Frégis, mais aussi de toutes les écoles françaises et européennes.
En effet, la transmission du savoir-faire et la formation ont toujours fait partie des valeurs fortes à Frégis.
Nous accueillons donc les étudiants mais aussi les jeunes confrères pour des années d'approfondissement, appelé internat ou assistant, et de résidence pour devenir spécialiste.
Il y a plus de vingt ans maintenant, j'ai moi-même effectué ma spécialisation en chirurgie au sein du CHV Frégis !

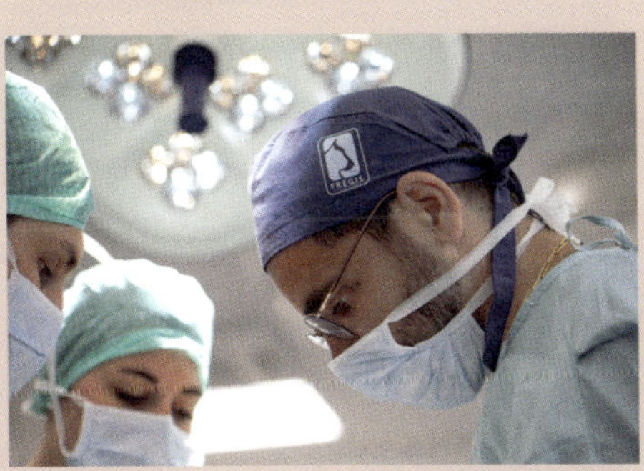

G. A.
Quel conseil pouvez-vous donner à un jeune qui veut se lancer ?

C. P.
Choisir de devenir vétérinaire, c'est opter pour un métier passion, avec une vocation qui nous « frappe » souvent très jeune. Il est certain que l'investissement personnel dans cette profession est important, d'abord pour l'obtention de notre diplôme de vétérinaire, de spécialiste parfois, puis tout au long de notre exercice professionnel, tant notre métier est omniprésent dans nos vies et nous demande d'être dévoués. Mais, et je crois que tous les vétérinaires vous le diront, nous avons une chance inestimable, irremplaçable, de vivre au quotidien au milieu de notre passion, auprès des animaux doués d'une sensibilité unique, qui nous apportent tant d'instants de complicité et d'émotion.
Si la question de devenir vétérinaire grandit chez un enfant ou un adolescent, je ne pourrais que l'inciter à nourrir cette ambition, à se donner les moyens d'arriver, car la récompense est réelle...

Connaissez-vous les bons et mauvais gestes du quotidien avec votre animal de compagnie ?

Lorsque l'on a un animal de compagnie, on a tous envie de le gâter et de lui passer tous ses caprices. Malheureusement, en voulant bien faire, on ne réalise pas toujours que nos gestes ou nos actions ne sont parfois pas bons, voire dangereux pour nos animaux de compagnie. Je suis toujours horrifié quand je vois des personnes donner du pain aux canards. On le dit pourtant suffisamment, les animaux ne sont pas des humains et leurs besoins en nourriture ne sont pas les mêmes que pour les hommes. J'ai des amis qui ont un gros chien et qui ne peuvent s'empêcher de lui donner des sucreries. En faisait cela, ils s'imaginent faire plaisir à leur chow-chow. Qui pourrait leur en vouloir, d'autant que la pauvre bête semble apprécier les gourmandises. J'ai beau leur expliquer que ce n'est pas bien pour le métabolisme de leur animal, je passe pour le moralisateur et le donneur de leçon. Attention à l'anthropomorphisme. Nous avons trop tendance à attribuer à nos animaux des réactions humaines. C'est une grave erreur qui parfois a des conséquences désastreuses.

Je vous propose de faire le tour de quelques-uns des bons et mauvais gestes à adopter ou pas avec nos poilus.

LA MALTRAITANCE ANIMALE, UNE AUTRE RÉALITÉ DES ASSOCIATIONS

Depuis de nombreuses années, les cas de maltraitance animale ont fortement augmenté dans notre pays. Selon la SPA, en 2023, 44 844 animaux abandonnés ou maltraités ont été pris en charge par les refuges.

28 652 chats, 13 124 chiens et 3 068 nouveaux animaux de compagnie, équidés et animaux de ferme (44 199 en 2022).

L'augmentation de l'abandon des NAC est aussi en forte hausse selon l'association. Plus 6 % en 2023 par rapport à 2022. Les NAC sont typiquement « l'animal objet » que l'on achète sur un coup de tête et dont on veut se débarrasser après quelques mois car « trop encombrant ».

Pour pouvoir pallier ce surplus de cas, la Société de protection des animaux a engagé de nombreux enquêteurs pour quadriller le pays.

Malgré les années, je me pose toujours la question. Comment peut-on faire du mal à un être vivant doué de sensibilité et qui ne demande qu'une chose, nous aimer ?

Voilà la question que je n'arrête pas de me poser quand je lis la chronique des faits divers sur les violences faites aux animaux.

J'identifie plusieurs formes de maltraitance. Voici une liste non exhaustive (malheureusement) des violences que j'ai recensées.

» La maltraitance gratuite et sans raison apparente

L'homme frappe son ou un animal juste pour le plaisir de lui faire mal et se sentir supérieur à lui.

» La maltraitance passive et ordinaire

L'homme ne s'occupe pas de son animal en le laissant à son triste sort. Combien de fois voit-on dans les journaux qu'un propriétaire a oublié son chien dans la voiture sous 40 °C, juste le « temps de faire ses courses ». Ou qu'un propriétaire a laissé son chien sur le balcon pour faire ses besoins, car le sortir exige « trop de temps ».

» La maltraitance par manque de soins

Ne pas faire soigner son animal est un cas de maltraitance que l'on rencontre souvent. Et ne croyez pas que cela ne concerne que les propriétaires désargentés. Malheureusement, ce n'est pas toujours une question de ressource et les plus riches d'entre nous peuvent aussi « oublier » de porter les soins nécessaires à leur animal.

» Il y a aussi la maltraitance par ignorance

Combien de fois ai-je lu ou entendu parler de propriétaires, passionnés par les animaux, et qui les « collectionnent » sous prétexte de les sauver, mais sans en avoir les moyens. C'est ce que l'on appelle le « syndrome de Noé ».

Détenir trop d'animaux chez soi, sans leur apporter le cadre de vie qui convient à leur biorythme, est considéré comme de la maltraitance animale. Sauver des animaux est une chose, savoir s'en occuper en est une autre.

Ne parlons pas des cas, heureusement assez rares, de maltraitance par sévices sexuels. Il faut dans ce cas non seulement parler de maltraitance animale, mais aussi de psychiatrie humaine.

Je pourrais écrire encore de nombreuses lignes sur des cas de maltraitance animale, car en plus des animaux de compagnie, il ne faut pas oublier les animaux domestiques et sauvages.

Que dire de ces ânes à Santorin qui remontent sur leur dos les touristes qui ne veulent pas gravir les trois cents marches pour rejoindre les villes au sommet de l'île. Ces animaux attendent des heures durant et sous un soleil de plomb quelques touristes inconscients en manque de balades estivales.

« L'enfer n'existe pas pour les animaux, ils y sont déjà. »

Victor Hugo

Que dire aussi de ces éléphants dans les pays d'Asie, obligés de promener des hordes de touristes en mal d'aventure à petits frais.

Ou encore à Séville, Marrakech, New York et bien d'autres grandes villes, qui proposent des tours en calèches pour découvrir la ville à trot de cheval sous des chaleurs accablantes. On ne le redira jamais assez, ne prenez pas les animaux pour des véhicules tout-terrain. Parfois mal nourries et souvent mal traitées, ces pauvres bêtes sont toujours parquées le soir dans des enclos trop petits, bien cachées de la jolie carte postale que l'on essaie de vous vendre dans la journée.

Ne parlons pas des tigres, singes et autres animaux sauvages que les « vedettes » de la téléréalité et autres influenceurs utilisent pour leurs selfies. Le quart d'heure de gloire que Warhol promettait à tout un chacun a parfois comme un arrière-goût de mauvaise mise en scène.

« Les professionnels de la maltraitance animale pour touristes » sont bien sûr responsables. Mais les vacanciers qui participent à cette grotesque mascarade le sont tout autant. D'autant plus que l'on ne peut plus dire aujourd'hui : « Ah pardon. Je ne savais pas ! »

» Mais au fait, que dit la loi à ce sujet ?

Depuis le 30 novembre 2021, elle prend plusieurs dispositions pour lutter contre toutes les violences faites aux animaux.

Tout animal vivant est un être sensible et doit être placé par son propriétaire dans des conditions compatibles avec les impératifs biologiques de son espèce.

Il est interdit d'infliger des mauvais traitements à un animal domestique ou à un animal sauvage apprivoisé ou tenu en captivité.

Sur le site du service-public.fr, vous pouvez trouver le détail des interdictions :

- Détenir un chien ou un chat non identifié.
- Priver un animal de nourriture et d'eau.
- Laisser un animal sans soins en cas de maladie ou de blessure.
- Placer et maintenir un animal dans un habitat ou un environnement pouvant être une cause de souffrances, de blessures ou d'accidents. Cela vaut notamment lorsque l'habitat est trop petit, n'offre pas des conditions climatiques supportables par l'animal ou comporte des matériels, installations ou agencements inadaptés à l'animal.
- Utiliser, sauf en cas de nécessité absolue, des dispositifs d'attache, de contention, de clôture, des cages ou tout mode de détention inadaptés à l'animal ou de nature à provoquer des blessures ou des souffrances.
- Mettre en œuvre des techniques d'élevage pouvant occasionner des souffrances inutiles aux animaux compte tenu de la sensibilité de l'espèce concernée et du stade physiologique des animaux.

Notons aussi qu'un amendement a été adopté interdisant définitivement en 2024 la vente des animaux de compagnie en animalerie, considérant que c'est aussi de la maltraitance animale. Ce sujet (même s'il va dans le bon sens) est largement discuté par les professionnels du monde animal, car il ouvre la voie à la vente non contrôlée des animaux sur Internet. Justement, sur Internet, c'est le grand flou de cet amendement, car même si le texte prévoit d'encadrer plus strictement la vente sur le Net, comment contrôler le Web dont on sait bien qu'il n'a pas de frontière ? Ce qui est illégal en France ne l'est pas forcément dans d'autres pays. Le sujet est vaste et mérite d'être posé.

» Quelles sont les sanctions appliquées si une maltraitance animale est avérée ?

En France, les sanctions pour maltraitance sont lourdes : trois ans de prison et 45 000 € d'amende. En cas de décès de l'animal, les peines augmentent, passant à cinq ans d'emprisonnement et 75 000 € d'amende. Le problème c'est que, comme je l'ai déjà souligné, ces sanctions ne sont peu ou jamais appliquées.

Le tribunal peut également décider de confisquer un animal à son propriétaire et le remettre à une association de défense des animaux. Une interdiction partielle ou totale de détention peut être prononcée contre le propriétaire.

L'abandon est aussi puni par la loi de trois ans de prison et 45 000 €, car il est également considéré comme une maltraitance animale.

Le saviez-vous !

3677

c'est le numéro de téléphone à composer pour signaler une maltraitance animale. Ce numéro de téléphone, mis en place par le Conseil national de la protection animale (CNPA), permet de venir en aide à la population qui constate une maltraitance sur tout type d'animaux et qui ne sait pas comment réagir. En appelant cette ligne téléphonique, vous serez mis en relation avec des conseillers qui vous dirigeront vers la meilleure structure pour vous conseiller et venir en aide au plus vite à l'animal maltraité, que ce soit la police, un refuge, un vétérinaire ou tout autre expert animalier. SOS Maltraitance Animale est ouvert 7 jours sur 7, 365 jours par an et également disponible sur les réseaux sociaux (www.3677.fr, Instagram, TikTok, Facebook et X...).

» Comment signaler une maltraitance animale ?

La première chose à avoir à l'esprit, c'est de ne surtout pas intervenir vous-même, même s'il y a urgence à sauver un animal. Vous pourriez vous mettre en danger ainsi que l'animal que vous souhaitez secourir. Essayez de photographier ou filmer de loin les maltraitances que vous avez constatées. Ensuite, vous pouvez contacter SOS Maltraitance Animale au 3677 et les services de police qui sont formés à cela. Le ministère de l'Intérieur a également mis en place un système d'alerte sur Internet grâce à un formulaire (www.interieur.gouv.fr/contact/signaler-maltraitance-animale). Il est d'ailleurs rappelé sur le site que si les maltraitances sont en cours, vous devez appeler la police en composant le 17. L'intervention sera plus rapide.

Les refuges sont bien sûr à votre écoute et agissent vite. Par exemple, la SPA met à disposition un formulaire en ligne pour signaler une maltraitance. Vos déclarations resteront anonymes et vous serez contacté rapidement par les services d'urgence de la SPA.

Notez que pratiquement toutes les associations de défense des animaux peuvent vous aider sur ce sujet. N'hésitez pas à les appeler ou à leur écrire.

Mais n'oubliez évidemment pas que les fausses déclarations de maltraitance sont punies par la loi.

Christine His

DÉLÉGUÉE GÉNÉRALE DE L'ARCHE DES ASSOCIATIONS

Il existe en France plusieurs milliers d'associations de protection animale avec ou sans refuge et malgré cela, leur nombre reste toujours insuffisant pour pallier les centaines de milliers d'abandons annuels ou de saisies à la suite de sévices graves.

Pour un particulier qui souhaite s'engager, les possibilités d'aide sont multiples et variées en fonction de ses compétences, ses disponibilités et de son degré de mobilisation.

Chacun d'entre nous peut s'investir comme il le souhaite pour la cause animale. Mais avant de se lancer, il est important de tester la structure choisie, de vérifier un certain nombre de points et de s'assurer que celle-ci soit en conformité.

Christine His est déléguée générale de l'Arche des associations qui a pour mission essentielle d'accompagner en France les petites associations dans leur développement*. À partir de son expérience de quelques décennies, elle a accepté de nous livrer ici « sa » vision de l'engagement...

* Selon une infographie publiée en 2020 par Ethics for Animals, il y aurait en France environ 3 750 associations sans refuge et 770 refuges indépendants. Ce sont des chiffres estimés.

Entretien avec

Gérald Ariano

En quelques mots, racontez-nous ce qu'est l'Arche des associations ?

Christine His

L'Arche des associations est ce que j'appelle un « ovni » dans l'univers associatif. Dans le sens où c'est une structure inédite et non figée dans le temps. Elle évolue en fonction des besoins de ses bénéficiaires. Nous restons à l'écoute du terrain.

Nous nous sommes donné comme mission d'accompagner les associations de médiation animale et de protection animale avec refuge indépendant ou celles qui fonctionnent uniquement avec des familles d'accueil. Cette dernière catégorie est la plus importante en nombre.

Ainsi en 2023-2024, l'Arche des associations s'est fixé trois champs d'action.

1 – Subvenir aux besoins de première nécessité des associations – en partenariat avec les municipalités avec les régions – tels que tels que : l'alimentation, l'hygiène avec la mise en place de distributions de croquettes, et à terme, le montage d'une banque d'aide et de protection animale.

2 – Développer activement la montée en compétences de ces petites structures avec l'organisation et la programmation de journées de formation offertes ou financées partiellement. C'est par exemple le cas avec l'Université d'été solidaire et prochainement des modules spécifiques en partenariat avec des professionnels et experts reconnus dans leur discipline.

3 – Poursuivre nos opérations coups de poing comme : Stérilis'action qui sert au financement de cages trappes à destination des associations de protection féline pour leurs campagnes de stérilisation.

Et toujours bien entendu des actions dites de visibilité, comme les Assises de la prévention et protection animale qui se déroulent chaque année à Saint-Mandé.

G. A.

Pourquoi est né ce regroupement d'associations animalières ?

C. H.

Nous cherchons plutôt à fédérer qu'à regrouper, tout en laissant « libre » chaque entité. C'est « indépendante mais jamais seule ». Nous sommes davantage dans une démarche qui vise à créer du lien entre les associations pour rompre avec cet isolement dans lequel elles sont souvent plongées contre leur gré d'ailleurs. Mobilisées par les urgences et les contraintes, elles n'ont guère le temps d'échanger, de forger des alliances pour renforcer leurs actions.

G. A.

Combien d'associations sont référencées à l'Arche ?

C. H.

Nous ne les référençons pas, nous citons certaines associations que nous avons aidées, mais cette liste est très incomplète. Les citer toutes serait impossible. En fonction des aides apportées, nous devrions ajouter au quotidien de nouveaux noms. Nous ne cherchons pas à valoriser cet aspect. Pour nous, la protection animale est tout sauf une bataille de chiffres ou de nombres, nous visons l'aspect qualitatif dans ce que nous pouvons apporter. Être quelque part le « chaînon manquant » en activant nos réseaux respectifs et nos compétences.

G. A.

Comment aidez-vous les associations au quotidien ?

C. H.

Cela se traduit par des aides alimentaires de proximité avec les distributions XXL #COEURSURLAPATTE. Nous pouvons intervenir aussi pour la défense, la protection, la stérilisation ou des aides financières ponctuelles, surtout en cas d'extrême urgence. Nos actions sur le terrain sont nombreuses, et nos aides se sont envolées ces dernières années, surtout avec le recul des dons et l'augmentation du coût de la vie. Des prix et le recul des dons, une aide au niveau de l'acquisition de nouvelles compétences ou connaissances pour toujours pouvoir mieux agir, défendre ou protéger, une aide financière ponctuelle surtout dans les cas d'extrême urgence, des campagnes de sensibilisation notamment avec Stérilis'action qui ouvre droit au prêt de cages trappes et enfin une visibilité offerte en permettant à de petites associations de participer à des salons auxquels elles n'auraient pas accès à cause des coûts.

G. A.

Quels sont les plus gros besoins des associations ?

C. H.

Ils sont nombreux et le nerf de la guerre reste financier. Elles ne vivent exclusivement que de la générosité du grand public. Contrairement aux grosses structures qui sont à la fois reconnues d'utilité publique et donc, peuvent recevoir des legs et faire appel à des subventions. Cela ne signifie pas pour autant que les petites associations ne peuvent pas en faire la demande, mais elles n'ont pas toujours les moyens matériels et humains pour le faire. Les urgences sont ailleurs.
Actuellement, elles souffrent terriblement à cause des nombreuses prises en charge d'animaux, du recul de l'adoption et des dons.
Le besoin en familles d'accueil devient également de plus en plus récurrent et urgent. Ce qui est la conséquence logique de l'équation : plus d'abandons, moins d'adoptions donc moins de places disponibles dans les familles d'accueil.

G. A.

Si je veux m'engager sur le terrain associatif, comment choisir la bonne association et éviter les mauvaises structures ?

C. H.

Bien évidemment, à l'ère du tout Internet, les réseaux sociaux donnent déjà une première impression de l'activité et de la philosophie de celle-ci, mais c'est très loin d'être suffisant. Tout dépend de l'objectif recherché et rien ne vaut le fait de mener soi-même sa propre enquête pour se faire sa propre opinion, car les rumeurs courent très rapidement, les structures changent très vite également. Monter ou modifier une association est d'une simplicité enfantine. Et elle dépend beaucoup de l'éthique du bureau, mais aussi de ses capacités à s'engager et de surtout respecter sa vision de départ. Pourquoi cette association a-t-elle été créée ? Dans quel but ? Car avec le temps, malheureusement, la nature humaine étant ce qu'elle est, l'ego reprend le dessus au détriment de la cause. Le mieux est se rendre sur place s'il existe un lieu physique ou demander à rencontrer les membres du bureau, à devenir famille d'accueil et tester, discuter avec les autres bénévoles, participer à des collectes, etc. Toutes ces actions vont être des éclairages les plus valables qui soient pour se faire un avis.

G. A.
Où puis-je me renseigner pour trouver les bonnes adresses ?

C. H.
Chaque année, à la rentrée en septembre, de nombreuses localités organisent la journée des associations. Les plus actives d'entre elles ou celles qui en ont le plus besoin y participent. C'est déjà un premier contact qui peut conditionner la suite ou pas... Et bien évidemment, il y a Internet.
Cette « quête » fait partie de l'engagement. Si je suis réellement motivé pour aider, je vais entreprendre naturellement ces démarches. Si je vise déjà la recette miracle dès le départ, je ne suis vraisemblablement pas totalement prêt à m'engager. Beaucoup ont tendance à idéaliser la protection animale. C'est beaucoup de joie partagée certes, mais c'est aussi beaucoup de peines et de fatigue à encaisser. C'est savoir aussi afficher une certaine constance. L'animal en souffrance n'attend pas. S'engager, c'est pouvoir et savoir « consacrer » son temps libre à la cause, week-end compris.

« J'ai développé un profond respect pour les animaux. Je les considère comme des êtres vivants avec certains droits qui ne devraient pas être violés plus que ceux des humains. »

James Stewart

G. A.
Existe-t-il des associations de protection pour tous les animaux, de compagnie, domestiques et sauvages ?

C. H.
En général, ce sont trois entités bien distinctes. C'est plutôt du ressort de ce que j'appelle les grosses associations ou fondations qui vont à un moment donné mener une campagne plutôt dite de « défense » ou de « sensibilisation » pour une espèce sauvage donnée. Cela a été le cas récemment avec la Fondation Brigitte-Bardot qui a sauvé des tigres captifs en Ukraine. Cela nécessite des compétences et des moyens différents. On ne capture, ni ne soigne, ni ne garde en convalescence un fauve comme on le ferait pour un chat domestique. Ici, il n'est point question de famille d'accueil...
Protéger nécessite avant toute chose de connaître l'espèce concernée pour

comprendre ses besoins, aptitudes, etc., et pour cela, il faut apprendre. Malheureusement, on observe parfois dans la pratique des raccourcis qui font que, comme j'aime, je protège et j'agis. Des centres de sauvegarde de la petite faune sauvage en France ont des anecdotes en pagaille d'agissements de ce type de la part de personnes qui s'improvisent « sauveurs », car ils ont vu un jeune animal seul dans la nature alors que la mère était à proximité… Au lieu de le protéger, ils vont le mettre en danger (et se mettre en danger par la même occasion).

G. A.

Est-ce une activité rémunérée ?

C. H.

En règle générale, les associations avec familles d'accueil ne fonctionnent qu'avec des bénévoles. Les familles d'accueil signent un contrat avec l'association qui définit les conditions, notamment au niveau des prises en charge pour l'animal confié en garde (alimentation, frais vétérinaires et d'éducation, par exemple). Les autres bénévoles donnent de leur temps, de leurs compétences et de leur expérience. Quant aux refuges, quand ils sont d'une certaine taille, ils font aussi appel à des salariés. Mais les postes restent encore rares à pourvoir.

G. A.

Dois-je avoir des compétences ou des qualités particulières pour m'engager auprès d'une association de protection animale ?

C. H.

Toutes les compétences et connaissances sont les bienvenues. Car une association utilise les mêmes rouages que ceux d'une entreprise si ce n'est qu'elle est sans but lucratif et surtout qu'elle n'a pas les mêmes impératifs. Si une opération est vitale pour un animal, on fonce, on ne se pose pas de question et on met en place en parallèle des actions de collecte pour parer si besoin au coût financier.

Ainsi, de l'administratif en passant par le juridique pour aboutir à la communication ou à la comptabilité, tout est utilisable. Et même si vous n'avez aucune expérience professionnelle, mais une véritable envie de vous investir, d'apprendre, de donner de votre temps pour aider, il y aura toujours une personne plus expérimentée pour faciliter votre intégration. L'entraide reste le maître mot. C'est dans l'intérêt de l'animal, donc on ne doit pas tricher ou faire semblant.

Et enfin, j'ajouterai lire, lire, lire… Se documenter, tant sur l'animal qu'au travers de témoignages inspirants de personnalités qui se sont illustrées dans le milieu de la protection animale. Livres et revues, articles, vidéos et reportages, tout est bon pour nourrir et faire grandir cet engagement qui ne doit pas être pris à la légère. Ce sont des vies bien souvent cabossées dont il est question… Nous devons être des passeurs de vie et transformer le rêve en réalité.

« Les animaux sont des amis si agréables – ils ne posent jamais de questions, ils ne font aucune critique. »

George Eliot

La vie quotidienne des associations (refuges et associations)

Les refuges animaliers ont pour mission de soigner, recueillir et placer à l'adoption les animaux qui leur sont confiés. Les abandons sont le quotidien des associations. Tous les jours, partout en France, les refuges, structures animalières et associations recueillent des centaines d'animaux, toutes races et espèces confondues. Et en France, nous n'avons pas de quoi être fiers.

Durant le premier trimestre 2023, la SPA (Société de protection des animaux) a annoncé une augmentation des abandons des animaux de compagnie de 15 %. L'une des raisons invoquées par le président de la SPA est l'inflation, autrement dit, l'augmentation du coût de la vie et des Français qui ne peuvent plus faire face à des dépenses devenues « annexes » ou « de non première nécessité » dans ce contexte.

Pourtant, il faut rappeler que lorsque l'on adopte ou que l'on achète un animal de compagnie, il y a des droits, mais surtout beaucoup de responsabilités. Un animal n'est pas un jouet que l'on se procure sur un coup de tête. C'est un acte qui doit être mûrement réfléchi et pris en conscience. Un animal grandit, vit et coûte de l'argent. Il est donc indispensable d'en avoir conscience avant d'adopter ou d'acheter un animal.

Il est très difficile d'annoncer des chiffres exacts sur l'abandon. Ils sont certainement sous-estimés, car ceux annoncés sont souvent ceux de la SPA uniquement. Pour être plus précis, il faudrait ajouter aux cent mille abandons annoncés les chiffres des autres refuges et associations, sans compter les abandons sauvages qui sortent des radars.

Mais la France est-elle championne d'Europe de l'abandon ?

La réponse est malheureusement oui. Nous sommes le pays de la honte en matière d'abandon. Et que dit la loi française en matière d'abandon ?

Selon le ministère de l'Agriculture : « L'abandon d'un animal domestique, ou apprivoisé, ou tenu en captivité, est puni de trois ans de prison et de 45 000 € d'amende. »

Le problème est que ces punitions ne sont que trop rarement appliquées chez nous.

L'abandon, comment le faire de manière légale ?

Comment répondre à cette question sans s'agacer ?

J'ai envie de vous dire qu'on n'abandonne jamais bien un animal. Imaginez que celui que vous avez choisi, caressé, nourri, celui avec qui vous avez joué, avec qui vous avez construit des souvenirs, celui à qui vous avez promis une vie meilleure, c'est celui-là même que vous souhaitez abandonner et qui, ce soir, ne vous reverra plus jamais ?

Il fallait réfléchir avant d'acquérir votre animal, vous ne trouvez pas ?

Essayons tout de même de ne pas mettre tous les abandons dans le même panier. Parfois, la vie fait que nous devons changer nos plans. Que nous prenons une direction différente de celle que l'on avait imaginée.

Un divorce, un déménagement, une maladie, de gros problèmes d'argent… Alors oui, « parfois », dans des cas bien précis et rares, on doit pouvoir se séparer de son animal de compagnie pour lui donner toutes les chances de retrouver une autre famille.

Si vous êtes concerné par cette situation, sachez tout de même qu'il vaut mieux abandonner votre animal dans les règles et de manière légale.

D'abord, rendez-vous dans un centre, un refuge ou une association qui va s'occuper de lui. Un vétérinaire l'auscultera, le soignera le cas échéant et le nourrira avant de replacer votre animal à l'adoption. La SPA par exemple vous demandera 80 € de frais pour la prise en charge.

Cette somme couvre la création du dossier administratif, les frais de vétérinaire, la nourriture et sa mise à l'adoption.

Enfin, sachez, comme le dit la SPA, qu'abandonner son animal ne doit pas être une condamnation si cela est fait dans les règles. N'ayez pas peur de vous rendre dans la structure de votre choix. Cela permettra à votre chat, chien, lapin… d'espérer retrouver rapidement une famille, pour la vie cette fois-ci.

Le saviez-vous ?

Les Pays-Bas semblent avoir trouvé la solution. Depuis quelques années, la Hollande affirme être le premier grand pays au monde à ne plus abandonner ses chiens. Pour y arriver, le gouvernement a mis en place le CNVR (Recueillir, stériliser, vacciner, identifier et restituer). La maltraitance et l'abandon sont également punis par des amendes pouvant aller jusqu'à 16 000 € (moins élevé qu'en France) et trois ans de prison.

Des taxes très élevées sont également appliquées sur l'achat de chiens de race et des campagnes de stérilisations massives sont organisées dans tout le pays. C'est grâce à ces actions que les Pays-Bas revendiquent de ne plus avoir un seul chien errant ou abandonné dans ses rues. Mais est-ce vrai ? Difficile à prouver.

Devenir pet-sitter

À défaut de vous engager pour une association, vous pouvez devenir pet-sitter. Mais qu'est-ce que c'est exactement ?

C'est le métier tendance pour arrondir ses fins de mois ou pour les personnes qui voudraient avoir un chat, un chien ou un NAC (nouvel animal de compagnie) à la maison, mais qui ne le peuvent pas.

» Comment cela fonctionne-t-il ?

Il y a deux solutions. La première, qui est la plus demandée par les propriétaires, c'est de garder un animal de compagnie chez lui. Pour les chats en particulier, c'est la solution idéale, car nos félins sont territoriaux et n'aiment pas beaucoup le changement.

Mais vous pouvez aussi proposer de garder les animaux chez vous, si vous avez un espace suffisamment grand pour les héberger.

» Quelles sont les obligations d'un pet-sitter ?

Le pet-sitter passe un « contrat » avec un propriétaire. Ensemble, vous validez les règles. Le minimum est de nourrir tous les jours les animaux que vous gardez.

Il y a ensuite un temps pour le jeu, les sorties (si c'est un chien), les soins (si besoin), et la toilette. Il faut aussi changer la caisse des chats ou nettoyer les cages des NAC.

Un bon pet-sitter passera du temps avec l'animal dont il a la charge et le considérera comme son propre animal de compagnie.

» Quelles sont les assurances que doit avoir un pet-sitter ?

Le minimum est l'Attestation de connaissances pour les animaux de compagnie d'espèces domestiques (ACACED). C'est un diplôme qui prouve aux propriétaires que vous avez suffisamment de connaissances pour garder un animal de compagnie.

Si vous avez une autorisation de transport pour les animaux vivants (TAV), c'est encore mieux. Cette autorisation est obligatoire si vous devez véhiculer les animaux à plus de 65 km de leur domicile. Et bien sûr, vous devez être assuré pour la garde d'animaux. Cette assurance vous protège en cas d'accident ou de dégâts causés par l'animal que vous gardez.

» Le propriétaire doit-il fournir la nourriture de son animal durant son absence ?

La réponse est oui. Pour plusieurs raisons. D'abord parce qu'il est le seul à connaître parfaitement les habitudes alimentaires de son animal. Ensuite parce que le pet-sitter ne va pas acheter lui-même la nourriture. Il ne faut pas oublier les sacs de litière ou de paille de rechange pour les chats et les NAC.

» Quel est le tarif d'un pet-sitter ?

Dans la pratique, vous pouvez demander entre 20 et 30 € de l'heure pour un chat ou un chien. Pour un NAC, on constate que le tarif est plutôt aux alentours de 10 €. C'est bien sûr une moyenne. Vous devrez fixer le tarif avec le propriétaire.

» Est-ce que les tarifs sont dégressifs si la garde dure plus d'une semaine ?

Oui, bien sûr. Là encore, c'est une discussion à avoir avec les propriétaires.

» Où trouver un bon pet-sitter ?

Le bouche-à-oreille est la meilleure solution. Demandez à votre vétérinaire. Il saura vous en proposer un.

Vous trouverez aussi de nombreux sites par une simple recherche sur Internet (France Petsitters, Collectif Pet-sitter, Emprunte mon toutou, Animalin...).

Dans tous les cas, un premier rendez-vous entre le pet-sitter et le propriétaire est indispensable pour acter que tout va bien se passer. Ce rendez-vous permettra de sentir si le *feeling* passe (ou pas) entre vous et le propriétaire et surtout entre vous et l'animal à garder et également d'établir le contrat entre les deux parties.

Chocolat : attention danger !

Que ce soit votre chien ou votre chat, ne lui donnez jamais de chocolat.

Je sais bien que nous, les humains, fondons pour ce petit plaisir gourmand de quelques grammes. Mais en donner à votre animal de compagnie est une très mauvaise idée et serait à coup sûr la cause d'une intoxication alimentaire. La raison ? C'est que contrairement à nous, nos animaux ne digèrent pas la théobromine qui se trouve dans le cacao. Et plus le chocolat est fort en cacao, plus cette molécule, qui se rapproche de la caféine, est présente.

Les effets de cette intoxication mettent entre quatre et douze heures à se manifester. Les symptômes sont assez impressionnants. Votre animal va haleter, saliver, boire beaucoup et des vomissements et diarrhées apparaîtront également.

Dites-vous que chez un chat qui pèse 5 kg, 70 à 150 g de chocolat seulement peuvent être mortels. Pour un chien de 10 kg, c'est 150 à 300 g qui peuvent aussi être fatals à votre animal.

Les chiens (ces canailles) sont davantage touchés par cette intoxication, car il leur arrive de chaparder de la nourriture sur la table. Prenez donc soin de bien ranger votre tablette après avoir croqué dans un carré. Les chiens dits « brachycéphales » sont particulièrement sensibles à cette molécule due à leur face plate et à leurs problèmes de respiration et cardiaque.

Mais alors que faire si mon animal a ingéré du chocolat ?

La seule solution, c'est de contacter le plus rapidement possible votre vétérinaire qui saura quoi faire. Alors le petit plaisir chocolaté avec le café, oui, mais avec prudence.

Lorsque nos compagnons nous quittent : droits, devoirs et responsabilités

Que faire quand son animal de compagnie décède ?

C'est évidemment une question que tous les propriétaires d'animaux se posent un jour ou l'autre. Je me souviens encore de la première fois où j'ai été confronté à cette situation. C'était avec mon chat Virgule. Il avait 13 ans.

Depuis plusieurs semaines, Virgule était moins en forme, moins joueur, moins câlin. J'avais vu le vétérinaire. L'examen clinique n'avait rien décelé d'anormal, hormis la vieillesse, même si franchement, je trouvais que 13 ans, ce n'était pas un âge canonique pour un chat. Je devais simplement lui donner une potion à base de fortifiants et de vitamines et laisser le temps agir… Le vétérinaire ne m'avait rien caché de la suite. Je devais me préparer à son départ.

Heureusement, je ne savais ni l'heure ni le jour. J'avais donc décidé de profiter au maximum de mon chat en lui promettant simplement qu'il ne souffrirait pas. C'est bien la moindre des choses et le seul avantage que les animaux ont sur nous (pour le moment). On peut leur éviter de souffrir trop longtemps. J'ai donc ramené Virgule à la maison et nous avons continué à vivre ainsi quelques mois, sans trop de mal. Avec des hauts et des bas. C'est d'ailleurs étonnant de voir comment les animaux ont la faculté à nous faire oublier qu'ils vont mal. Parfois, en le regardant, je me disais qu'il nous jouait la comédie. À le voir courir dans l'appartement, plein de vie, je me disais qu'il nous mentait.

Ou alors que le vétérinaire s'était trompé. Et puis à d'autres moments, la réalité nous rattrapait.

Virgule était plus lent, plus violent aussi. Je me souviens très bien de ses excès d'agressivité. Subits et violents. Il fallait d'ailleurs s'en méfier. Nous n'étions pas à l'abri d'un mauvais coup de patte.

Et puis un matin, Virgule a eu du mal à se lever. Pas envie, pas faim, pas soif. Ce matin-là, je m'en souviens encore comme si c'était hier. J'ai su immédiatement que c'était le jour.

Après de longues minutes où il est resté couché auprès de nous, j'ai réussi à lui donner un peu de pâté, qu'il a vomi immédiatement. Ses yeux ne me regardaient plus de la même façon. Je sentais qu'il me demandait à partir. La journée est passée difficilement. Son état ne s'est pas amélioré. Virgule n'a pratiquement pas quitté notre lit.

J'ai appelé le vétérinaire qui est venu en fin d'après-midi. Après une auscultation, le verdict tombe, Virgule n'est pas en forme. Pour le moment, il ne souffre pas. On peut donc le maintenir encore quelque temps comme cela avec des piqûres et un traitement médical quotidien lourd, mais son état va se dégrader rapidement. Alors que faire ? Voilà, nous y sommes. Ce n'est pas le vétérinaire qui prend la décision. Le médecin pose le diagnostic, mais vous êtes seul à choisir, à décider… la mort ou la vie de votre animal… sous perfusion.

Ce fut le choix le plus difficile, le plus douloureux de toute ma vie. J'ai choisi de laisser partir mon chat sans souffrance, comme je lui avais promis. J'ai donc demandé au vétérinaire d'assoupir Virgule.

Nous avons installé dans le salon une serviette bien épaisse pour qu'il soit à l'aise. J'ai mis ses jouets préférés autour et je me suis allongé à ses côtés. Nous nous sommes regardés longuement. C'était terriblement triste et douloureux pour moi.

J'étais là pour la première piqûre. Celle qui l'a endormi. J'ai vu ses yeux se fermer. Nous nous sommes regardés jusqu'au bout. Il savait ce qui se passait. Il était calme, apaisé. J'ai eu l'impression qu'il me remerciait de lui offrir cette possibilité de partir ainsi, dans la sérénité.

Puis le vétérinaire s'est préparé pour la deuxième piqûre. Celle qui allait arrêter son petit cœur.

Je n'ai pas pu rester. Je suis sorti. Impossible d'assister à ce moment, ni de retenir mes larmes. Tout est allé très vite.

Je suis revenu après quelques minutes. J'ai vu le petit corps de mon chat allongé sur la serviette. Il semblait dormir… profondément.

Virgule est parti chez lui, dans notre salon, au milieu de ses jouets et à mes côtés, c'était le 3 août 2009, il était 19 h 30.

En écrivant ces mots, plus de quinze ans après les faits, j'en ai encore les larmes qui coulent. Pardon mon chat. Tu me manques encore terriblement aujourd'hui.

Avec ces quelques lignes, j'ai voulu ici vous raconter mon expérience. Chacun a la sienne. Différente et toujours déchirante.

Au moment du décès de votre animal et au-delà du chagrin, sachez qu'en France, il y a beaucoup de solutions et aussi quelques obligations à connaître.

Je vous propose d'en faire le tour pour être parfaitement au courant de vos droits et devoirs.

UNE OBLIGATION

Vous avez 48 heures pour déclarer le décès de votre animal auprès de l'I-CAD, le fichier national d'identification des carnivores domestiques.

Cela permet de régulariser la situation et de stopper toutes les démarches et tous les abonnements liés à votre animal de compagnie.

LES SOLUTIONS

» Laisser votre animal chez votre vétérinaire

C'est un professionnel et tout comme il a pris soin de votre animal durant toute sa vie, il l'accompagnera également dans ce moment difficile.

Une fois que vous serez parti de son cabinet, votre vétérinaire déclarera son décès auprès du fichier national et contactera une société d'incinération pour qu'elle fasse le nécessaire.

Vous pouvez opter pour une incinération collective qui vous coûtera entre 40 et 160 €. À ces prix-là, vous ne pourrez pas récupérer les cendres de votre animal.

Si vous préférez repartir avec une urne, dans ce cas, il faudra demander une incinération individuelle. Le coût est bien sûr plus élevé.

Comptez entre 70 et 300 € selon vos demandes.

» Enterrer votre animal dans un cimetière

Tout comme pour les humains, il existe de nombreux cimetières pour animaux en France. D'ailleurs, le plus vieux se trouve à Asnières-sur-Seine en région parisienne. Il a été créé en 1899. Si vous optez pour la mise en terre de votre animal, il faut compter 1 000 € pour l'enlèvement du corps à domicile, le creusement de la tombe, le cercueil, la plaque funéraire et la cérémonie. Bien sûr, ce tarif est une moyenne et peut changer en fonction de votre demande et du lieu de votre résidence.

Ensuite s'ajoute le prix de la concession.

Selon les cimetières, et surtout la taille de votre animal, cela peut varier entre 150 et 2 000 € par an.

Évidemment, plus votre animal est grand, plus la sépulture est imposante et plus le tarif est élevé.

» Enterrer son animal dans son jardin. Est-ce possible ?

Non. La loi vient de changer à ce sujet. Dorénavant, quelle que soit la taille de votre animal, vous ne pouvez plus l'enterrer sur votre terrain. Même si vous vivez isolé en pleine forêt et loin de tout. Soyez vigilant car les amendes sont lourdes.

» Les cimetières virtuels

Il existe une autre solution à moindres frais pour honorer la mémoire de votre compagnon. Le cimetière virtuel. Il en existe de nombreux sur Internet. Une simple recherche sur les moteurs de recherche comme YouCare vous permettra d'en trouver. L'inscription est gratuite, en revanche certaines options sont payantes comme mettre une photo, une musique ou un livre de condoléances. Franchement, je ne trouve pas ça super.

Le mieux, c'est de garder une belle photo de votre animal chez vous ou son souvenir dans votre cœur. Ça, ça ne coûte rien et surtout ça ne s'effacera jamais de votre mémoire.

1899 CIMETIERE DES CHIENS SAI

Et que penser de l'expérimentation animale ?

Les tests en laboratoire sur les animaux font couler beaucoup d'encre et c'est bien normal. Comment ne pas être touché par le sort cruel réservé à ces animaux qui servent de cobayes pour soigner les hommes, d'autant qu'aujourd'hui, il existe des solutions alternatives pour se passer des animaux.

Cependant, il faut tout de même noter que cette pratique est très encadrée, notamment par une charte nationale sur l'éthique de l'expérimentation animale mise à jour en 2014 que vous pouvez trouver sur le site enseignementsup-recherche.gouv.fr.

En 2013, une directive européenne impose également la règle des 3 R qui consiste à :

- remplacer l'expérimentation animale dès que possible ;
- réduire le nombre d'animaux utilisés ;
- affiner les procédures en optimisant les méthodologies employées pour diminuer la douleur animale tout en garantissant un niveau de résultats scientifiques élevé (ministère de l'Agriculture et de la Souveraineté alimentaire).

« Si la cruauté humaine s'est tant exercée contre l'homme, c'est trop souvent qu'elle s'était fait la main sur les animaux. »

Marguerite Yourcenar

En France, depuis 2013, les tests sur les animaux à destination des produits cosmétiques sont totalement interdits (quelques exceptions demeurent tout de même), sauvant ainsi plus de 240 000 animaux, selon la Fondation 30 millions d'amis.

Des solutions alternatives existent. De nombreux scientifiques y travaillent activement et nous permettent de penser que d'ici à quelques années, nous pourrions nous passer totalement de ces tests sur les animaux. Les expériences sur les cellules et les tissus humains par exemple, mais aussi les modélisations par ordinateur ou les expériences sur les humains volontaires sont de bonnes sources d'espoir. De nombreuses expérimentations sont déjà en cours dans les laboratoires, comme le développement des organoïdes mi-humains. C'est un « mini-organe » développé à partir de cellules dérivées de cellules souches et qui permet de se passer des animaux pour tester un médicament sur un organe.

Malgré cela, certains scientifiques pensent qu'il est encore impossible de se passer totalement des tests sur les animaux.

Selon Nathalie Vergnolle, directrice de l'Institut de santé digestive à Toulouse et prix Recherche 2018 de l'Inserm : « Vouloir passer directement des tests *in vitro* aux essais cliniques chez l'être humain est inenvisageable aujourd'hui, d'un point de vue scientifique comme éthique.* »

La Commission européenne a récemment rappelé son ambition d'éradiquer les tests sur les animaux, dans l'évaluation des effets de substances chimiques.

Pour y arriver, elle s'engage à travailler avec tous les acteurs du secteur en ce sens, à faire évoluer la formation scientifique et à financer la recherche sur des méthodes alternatives.

Malgré ces bonnes nouvelles, les animaux sont encore bien trop utilisés en laboratoire. Selon la Fondation droit animal, éthique et sciences en 2016, les souris arrivaient en première position avec plus de 1 149 000 animaux testés, suivis par les poissons (307 000) et les rats (172 000). Mais ne pensez pas que la liste s'arrête là. Les lapins, les poulets, les cochons d'Inde et même les chiens (4 204) et les chats (1 067) sont concernés.

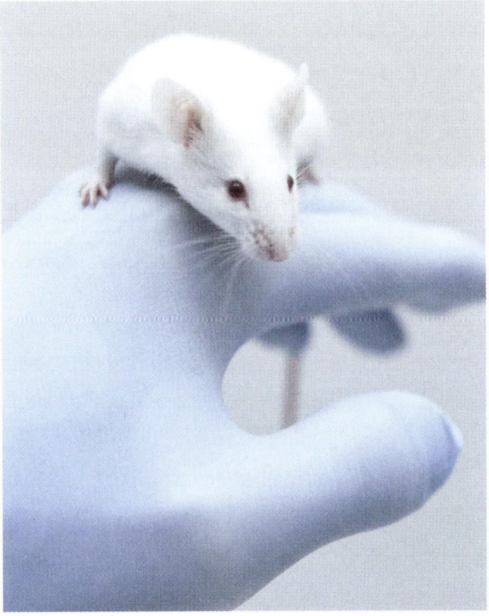

Nous avons la chance, dans nos pays occidentaux, d'être bien soignés, et nous le devons aux chercheurs mais aussi à tous ces animaux cobayes. Ne l'oublions jamais.

* Source : https://www.frm.org/fr/actualites/experimentation-animale

Chapitre III

Entre chiens et chats

« Celui qui est cruel envers les animaux devient dur aussi dans ses relations avec les hommes. On peut juger le cœur d'un homme par son traitement des animaux. »

Emmanuel Kant

Grandes questions et enseignements sur nos amis félins

Les chiens, les chats et les hommes. Le trio parfait. Les meilleurs amis sur terre, selon moi.

D'ailleurs, la domestication de ces animaux par l'homme n'est pas récente.

Pour le chien, les scientifiques sont unanimement d'accord sur le fait que le canidé descend du loup. En revanche, quelques doutes subsistent sur la date de cette domestication. Était-ce au Paléolithique ou au Néolithique ? Des études sont encore en cours pour le déterminer.

Concernant le chat, on a longtemps pensé que c'étaient les Égyptiens, il y a 3 600 ans, qui avaient été les premiers à domestiquer nos matous. Mais des découvertes archéologiques ont finalement montré que le chat se serait rapproché de l'homme bien plus tôt, entre 9 000 et 10 000 ans, certainement au moment de l'apparition de l'agriculture dans le « Croissant fertile », au Moyen-Orient. L'hypothèse des scientifiques est que ces chats sauvages africains, appelés *Felis silvestris lybica*, se seraient nourris des rongeurs qui pullulaient à cette époque autour des cultures de blé et d'orge.

Au fil des siècles, la vie de ces animaux n'a pas toujours été facile. Bien au contraire. Tantôt chassés, tantôt adulés, ils ont malgré tout toujours été à nos côtés.

Aujourd'hui encore, les Français adorent les chiens et les chats.

Mais à votre avis, quel est celui qui remporte notre cœur ?

Eh bien, c'est le chat. On estime qu'il y a dans l'Hexagone environ 14 millions de chats pour « seulement » 7 millions de chiens. Et si vous avez l'impression de voir plus de chiens que de chats, dites-vous que c'est normal. La raison en est simple. Les propriétaires sortent dans la rue plusieurs fois par jour leur chien pour les besoins et les sorties quotidiennes, d'où cette impression de masse. Et en effet, il est vrai que l'on voit moins souvent de chats en laisse. CQFD !

SOMMEIL. POURQUOI LES CHATS DORMENT-ILS AUTANT ?

Tous les propriétaires de chats le savent, nos boules de poils passent la majorité de la journée à dormir. Les chats sont de vraies marmottes, ils dorment entre treize et seize heures par jour. Cela peut même aller jusqu'à vingt heures si votre animal est malade ou vieillissant. Les chatons dorment également beaucoup alors qu'un chat adulte sera un peu plus dynamique la journée.

Mais pourquoi nos chats dorment-ils autant ?

Il faut aller chercher du côté de la génétique pour trouver la réponse. Les chats sont des prédateurs. Ils chassent pour se nourrir, grimpent aux arbres, sautent et courent pour attraper leurs proies. Enfin… disons qu'ils faisaient cela lorsqu'ils n'étaient pas domestiqués par l'homme. Aujourd'hui, s'ils continuent de le faire, c'est plus par jeu que pour un réel besoin de s'alimenter. Car avec la domestication, nous leur apportons aussi le service quatre étoiles. Nous les nourrissons quotidiennement, leur évitant ainsi le besoin de chasser.

Mais malgré cette évolution de comportement, les chats gardent dans leur ADN le gène du chasseur et dorment donc pour s'économiser et recharger leur batterie.

POURQUOI LES CHATS RETOMBENT-ILS TOUJOURS SUR LEURS PATTES ?

La question serait plutôt « Est-ce que les chats retombent toujours sur leurs pattes ? ». Et vous vous en doutez, la réponse est « non, pas toujours ».

Pour commencer, essayons de comprendre quel est le mouvement acrobatique que doit exécuter notre matou pour se retrouver sur ses quatre pattes.

Cette maîtrise du mouvement en cas de chute est provoquée par deux procédés indispensables et simultanés. Le premier est un parfait fonctionnement de l'oreille interne du chat, autrement appelé « appareil vestibulaire » et qui lui permet de s'orienter. Différents organes qui se situent à ce niveau permettent à l'animal de savoir instantanément s'il est droit, de travers, couché, assis, debout en mouvement ou pas. Ces informations sont directement envoyées au cerveau pour rétablir l'équilibre en cas de besoin. Si ce cheminement se fait mal ou ne fonctionne plus, le chat sera désorienté et chutera forcément. L'autre élément important est ce que l'on appelle le « réflexe de redressement ». Une fois l'information de la chute envoyée au cerveau, le chat, grâce à un basculement latéral, arrive à bien se positionner pour se réceptionner sur ses quatre pattes. Cette particularité est notamment due à la souplesse de sa colonne vertébrale, beaucoup plus mobile que chez nous, les humains. En revanche, ne pensez pas que la queue joue un rôle particulier. Dans cet exercice, elle n'a aucun intérêt. La preuve en est que même les chats sans queue peuvent retomber sur leurs pattes.

Mais pour que le chat puisse se réceptionner sans dommage corporel, il faut quand même que sa chute fasse au minimum 1,5 m, sans quoi il n'aurait pas le temps de se retourner ; et un maximum de 15 m de haut, ce qui correspond à un immeuble de cinq à six étages. Au-delà de cela, la chute pourrait lui être fatale.

Cependant, une étude américaine datant de 1987 a montré qu'un chat tombant d'un immeuble de grande hauteur (IGH) a plus de chance de survie que s'il était tombé d'un étage peu élevé, car plus longue est la chute, plus l'animal a le temps de positionner correctement son corps pour un parfait atterrissage. Dans tous les cas, si votre chat tombe de votre balcon ou de votre terrasse, vous devez impérativement consulter un vétérinaire pour vérifier qu'il ne s'est rien cassé.

COMBIEN DE KILOMÈTRES UN CHAT PEUT-IL PARCOURIR POUR RETROUVER SES MAÎTRES ?

Régulièrement, on entend parler de chats qui font des centaines de kilomètres pour retrouver leurs maîtres ? Alors, vrai ou faux ? Les chats peuvent-ils marcher sur une aussi longue distance pour retrouver leurs maîtres sans se perdre ? Possèdent-ils un « superpouvoir » ? Un GPS interne qui leur permet de retrouver leur chemin ?

Faisons le point.

En 2022, les propriétaires de Coxi, une jolie petite chatte, décident de quitter la Meuse pour s'installer en Normandie. Mais treize mois plus tard, le félin est retrouvé près de son ancienne maison, à Ambly-sur-Meuse. C'est-à-dire à plus de 600 km de la Normandie.

Comment Coxi a-t-elle fait pour se repérer et ne pas se perdre entre la Normandie et la Meuse ? Bien malin qui peut le dire. Car à la question « est-ce que tous les chats peuvent se repérer aussi facilement dans le temps et sur une aussi longue distance ? », les scientifiques ne savent pas vraiment répondre.

Selon Joana Lagarrigue, comportementaliste félin : « Il y a un facteur chance et coïncidence que l'on ne peut pas nier. En général, quand les chats se perdent, ils restent à proximité de leur habitat. » On sait que les félins ont un odorat ultraperformant (20 millions de cellules olfactives). La capacité pour le chat de détecter des odeurs est soixante-dix fois plus importante que chez l'homme. Ils ont également une ouïe et une vision nocturne très efficaces. Tous ces avantages qu'a l'animal sur l'homme lui permettent de mieux se déplacer.

C'est certainement tout cela qui permet à ces chats perdus de retrouver leurs maîtres malgré la distance. Alors un bon conseil, si vous déménagez et que vous ne voulez pas perdre votre chat, ne le laissez pas sortir de chez vous (si vous avez la chance d'avoir un jardin) avant deux semaines. C'est le temps nécessaire pour que le chat s'habitue à son nouvel environnement, en repérant et en mémorisant les lieux et en laissant ses phéromones dans chaque pièce. N'oubliez jamais qu'un chat est territorial, et qu'en général il n'aime pas trop sortir de chez lui. Donc, donnez-lui du temps pour s'habituer. C'est la meilleure chose à faire pour lui et vous.

ORGANE DE JACOBSON, UN RONRONNEMENT SI DOUX

Le chat possède plus de 200 millions de cellules olfactives. C'est bien plus que le chien et l'homme bien sûr. Si notre félin préféré passe sa vie la truffe au vent, c'est pour capter les odeurs et les phéromones qui régulent sa vie.

Ainsi, vous verrez souvent votre chat faire une drôle de grimace. En retroussant les babines et en ouvrant la gueule, il envoie directement les phéromones à l'organe de Jacobson qui se trouve entre le palais et le nez, juste derrière les incisives. On appelle cette position la réaction de Flehmen. Cet organe extrêmement sensible envoie ensuite les informations au cerveau qui les analyse et permet la réaction du chat. C'est grâce à cet organe que le chat sait s'il est en danger, en territoire ami, devant une proie ou s'il est en présence d'une femelle en chaleur. L'organe de Jacobson est un deuxième odorat qui permet au chat d'analyser son environnement direct. Il est à distinguer de l'organe olfactif qui lui permet de capter des odeurs, comme celles de la nourriture par exemple.

LA RONRONTHÉRAPIE, QUÉSACO ?

Et si notre chat, en plus de nous plaire, nous faisait du bien sans que l'on s'en rende compte ? C'est ce que pensent de nombreux vétérinaires, dont Jean-Yves Gauchet, le « papa » de la ronronthérapie, terme apparu en 2004 et consistant à profiter de ce son émis par les chats, pour se soigner.

Le ronronnement se forme à partir d'une tonalité basse fréquence (entre 20 et 50 hertz) qu'émet le chat dès sa naissance. Il l'hérite de sa mère qui l'utilise pour apaiser les tensions de ses chatons. Adulte, le chat ronronne lorsqu'il est satisfait d'une situation (caresse, nourriture, jeux...), mais aussi lorsqu'il a peur. Son ronronnement lui permet de se calmer.

Chez l'homme, le ronron produit exactement les mêmes effets.

Si certains d'entre nous se reposent en écoutant le chant des oiseaux ou le clapotis des vagues, d'autres se laissent séduire par la douce sonorité de leur chat.

La façon dont fonctionne le ronronnent est longtemps restée une énigme chez les spécialistes. Mais récemment, la science a progressé. Selon des chercheurs autrichiens, il semblerait que les félins possèdent des « coussinets de ronronnement » situés juste sous les cordes vocales. Ces coussinets augmenteraient en densité, provoquant ce léger bruit de ventilation sourde, le fameux ronronnement.

La cataire ou l'herbe à chat

Si vous avez un chat d'appartement, vous lui avez certainement donné de l'herbe à chat ou de la cataire. Nos chats en raffolent. Mais quelle différence y a-t-il entre les deux ? Ne commettez plus l'erreur.

L'herbe-à-chats ou herbe-aux-chats est en fait des petites pousses de différentes céréales. Orge, blé, seigle... Cette herbe ressemble à celle d'une pelouse que vous trouvez en vente dans des petits pots chez votre fleuriste ou en supermarché, et votre chat s'en sert pour se purger. En la mangeant, cela irrite son gosier et lui provoque des remontées de bourre de poils. En se léchant, votre chat ingurgite ses poils. Il est donc important pour lui de pouvoir les évacuer.

La cataire (*Nepeta cataria*), elle, est une plante qui ressemble fortement à de la menthe. C'est une vivace qui vit dans les milieux rocailleux et à des vertus euphorisantes. Les chats en raffolent, car cela les plonge dans un état second. C'est l'huile essentielle de la plante qui va toucher le système olfactif du chat et stimuler ses phéromones sexuelles. En reniflant la cataire, votre chat va entrer en état de transe durant quelques minutes.

Selon les scientifiques, il n'y a pas de danger pour vos chats à renifler régulièrement de la cataire. Préférez-la tout de même bio et française.

» Mais comment le ronronnement agit-il sur nous ?

Exactement de la même façon que sur le chat lui-même. La tonalité basse fréquence émise par le félidé stimule les endorphines, également appelées « hormones du bonheur ». Nos chats sont en fait des machines à produire des ondes de bonheur.

» Comment utiliser la ronronthérapie ?

Cela ne se limite pas uniquement à l'écoute du ronronnement de votre chat. Cette technique est beaucoup plus large que cela.

Pour ressentir tous les bienfaits de cette pratique, il faut prendre son temps. S'offrir un moment de complicité entre lui et vous. La ronronthérapie, c'est prendre le temps de jouer avec son chat. C'est aimer le caresser lorsque celui-ci l'a décidé. C'est aussi accepter de prendre du recul sur soi. De se dire que tout n'arrive pas tout de suite, au moment où nous le souhaitons, à l'image du chat qui choisit le moment qu'il souhaite partager avec vous.

C'est tout cela, la ronronthérapie. Un travail sur soi, grâce à la douceur de votre animal préféré.

Tout un programme.

ON DIT SOUVENT QUE LE CHAT EST UN ANIMAL DE NUIT. VRAI OU FAUX ?

Ni vrai, ni faux. Disons que le chat est polycyclique. C'est-à-dire qu'il enchaîne les phases d'éveil et de repos. D'ailleurs, vous avez peut-être remarqué que votre félin est plus actif à l'aube ou au crépuscule. Là encore, réflexe de chasseur. C'est à potron-minet, ou entre chien et loup, que les proies sont les plus faciles à attraper. Le chat garde en mémoire génétique ces heures de chasse. Le reste de la journée ou de la nuit, il en profite pour se reposer.

Les phases de repos durent en général entre une heure et trois heures. Il existe trois grandes étapes. Un sommeil léger durant lequel votre chat garde un œil ouvert pour réagir au moindre problème. Ses oreilles restent également en alerte et peuvent bouger pour capter un bruit suspect. De petits mouvements de la queue vous permettent aussi de savoir que votre animal est en phase de sommeil léger. Le sommeil profond et paradoxal est quant à lui assez court. C'est à ce moment-là que votre chat se détend totalement et se régénère. Vous pouvez voir ses pattes secouées par des spasmes et il est assez difficile de le réveiller. D'ailleurs n'oubliez jamais que l'on ne réveille pas un chat qui dort, sous peine d'être sévèrement griffé.

POURQUOI ET DEPUIS QUAND LES CHATS NOIRS PORTENT-ILS MALHEUR ?

Pour trouver les premiers écrits de cette superstition, il faut remonter au Moyen Âge. En pleine Inquisition, l'Europe se lance dans une chasse aux sorcières sans précédent. On brûle en place publique toutes celles et tous ceux que le tribunal inquisiteur estimait comme hérétiques. Beaucoup de femmes étaient suspectées de sorcellerie lorsque l'on retrouvait chez elle un chat noir. Les moines pensaient que ces sorcières prenaient la forme du petit félin couleur ébène pour vampiriser les enfants, ou hypnotiser de leurs yeux verts, brillant dans la pénombre, une population inculte. Pour la chrétienté, le chat noir était la représentation du diable sur terre. Des milliers de chats furent jetés vivants au bûcher sous les hourras d'une population, dont la croyance païenne perdura jusque sous Louis XIII.

Mais si l'Église fut responsable de ce « génocide animalier », il faut aussi en chercher la raison du côté d'une légende celtique. Le Cat Sith était une créature que l'on disait ressembler à un grand chat noir avec une tache blanche sur le poitrail et qui hantait les Highlands écossais. Selon les Celtes, cette bête immonde était une sorcière réincarnée en chat en recherche de jeunes enfants ou de bergers perdus à avaler.

» Le chat noir porte donc malheur chez nous. Mais qu'en est-il ailleurs ?

Fort heureusement, pour certaines populations, le félin est un vrai porte-bonheur. C'est le cas de nos amis anglais qui pensent qu'avoir un chat de cette couleur chez soi serait source de succès et de joie.

Et à votre avis, qui est à l'origine de cette croyance ? Eh bien nous, les Français. Selon les Britanniques, Napoléon aurait croisé sur sa route un chat noir, juste avant de perdre la bataille de Waterloo. Il n'en fallait pas plus pour faire de ce chat un héros, encore encensé aujourd'hui. Mais ne soyons quand même pas trop sévères avec nous-mêmes. Depuis l'époque de l'Inquisition, de l'eau a passé sous les ponts. L'humanité a eu droit au « chat-pitre » en déclarant que le 17 août serait la « journée internationale du chat noir » pour laver l'honneur de ce félin, que finalement nous aimons beaucoup.

LES CHATS ROUX SONT TOUS DES MÂLES ?

Non, évidemment. Cette idée reçue est totalement fausse, même s'il est vrai que statistiquement il y a plus de chats mâles roux que de femelles. Mais pourquoi cette disparité ? En fait, tout est une question de chromosome. Concentrez-vous, ce n'est pas évident.

La couleur rousse, qui est produite par le gène O, comme Orange. Et ce gène doit être porté chez l'animal par le chromosome sexuel X.

Un chat mâle a un seul chromosome X. Donc XO fait un chat roux.

La femelle quant à elle possède deux chromosomes sexuels X, le gène O devra donc être double pour obtenir une couleur rousse (Xo-Xo). Et évidemment, cela arrive plus rarement. Vous comprenez maintenant pourquoi il y a plus de mâles roux que de femelles.

» Les chats roux sont-ils plus gentils que les autres ?

Encore une idée reçue. Aucune étude scientifique ne valide cette thèse. La seule chose que l'on peut dire avec certitude, c'est que les chats mâles sont plus sociables que les femelles, qui sont davantage indépendantes vis-à-vis de leurs propriétaires. Notons aussi que la culture populaire a souvent mis en valeur les chats roux masculins. Garfield, Azraël le chat de Gargamel dans les *Schtroumpfs*, le Chat botté, etc. Tous roux et masculins.

Bougie parfumée, attention danger !

On a tous déjà allumé chez soi une bougie pour créer une ambiance *cosy* dans son salon ou sa chambre à coucher. Qui n'a pas vaporisé un spray pour atténuer les odeurs de tabac ou de litière dans sa maison ?

Mais attention, danger. Toutes ces bougies parfumées et sprays sont aussi nocifs pour l'animal que pour nous. En effet, les bougies parfumées dégagent des toxines cancérigènes et les composants chimiques des sprays sont régulièrement épinglés par la Haute Autorité de santé.

Si c'est mauvais pour l'homme, ça l'est aussi pour nos animaux de compagnie.

Les chiens et les chats par exemple, qui ont une capacité olfactive très développée, seront extrêmement gênés par ces odeurs. Un chien possède 300 millions de récepteurs olfactifs tandis que l'homme n'en a seulement que 6 millions. Vous comprenez aisément le problème.

En plus des irritations nasales, ces odeurs peuvent provoquer des crises d'asthme sur certains animaux, des troubles digestifs et parfois même neurologiques. Il est donc important de proscrire toutes ces sources de parfums de votre maison si vous possédez un animal de compagnie et même un NAC.

Les huiles essentielles : idem

Attention aussi aux huiles essentielles. Certaines peuvent provoquer des vomissements, des irritations de la peau en cas de contact, allant même jusqu'à la paralysie des pattes arrière pour votre chat selon l'association américaine Pet Poison Helping.

Les huiles essentielles les plus dangereuses sont :

- le bouleau ;
- l'arbre à thé (*tea tree*) ;
- la gaulthérie ;
- la cannelle ;
- les agrumes ;
- la menthe poivrée ;
- le pin ;
- l'ylang-ylang.

Alors, que faire ?

Pour éviter les odeurs de litière, vous pouvez saupoudrer le sable d'une couche de bicarbonate de soude. C'est sans risque pour l'animal.

Vous pouvez également acheter un purificateur d'air qui aura également l'avantage d'assainir l'air de votre intérieur. Mais la meilleure solution reste bien sûr d'ouvrir au maximum les fenêtres pour aérer. N'oubliez pas qu'une litière se nettoie tous les jours et se change complètement une fois par semaine.

CHAT-RENARD, UNE NOUVELLE ESPÈCE CORSE

Depuis de nombreuses années, une histoire circulait dans les montagnes corses.

Selon la rumeur, un chat-renard s'attaquerait aux brebis et aux chèvres des bergers. Malheureusement, personne ne pouvait prouver la véracité de ces faits, car aucun « chat-renard » n'avait été capturé sur l'île de Beauté.

Depuis mars 2023, le mystère sur cette légende est levé. Le chat-renard corse est officiellement identifié et certifié par l'Office national de la chasse et de la faune sauvage (ONCFS). C'est donc une nouvelle espèce de félins qui vient de voir le jour.

Ce gros matou, au long corps et aux moustaches plus courtes que le chat domestique, fut capturé accidentellement par un paysan dans son poulailler.

Les scientifiques en ont profité pour faire des analyses génétiques et ont déterminé que ce chat-renard avait tout de même beaucoup de ressemblance avec le chat domestique. C'est à son poil gris fauve, sa longue queue et ses larges oreilles qu'il doit son nom de chat-renard.

Les analyses ont également permis de savoir que le félin existerait sur notre terre depuis 6 000 ans avant notre ère et qu'il serait originaire du Moyen-Orient.

Ce chat appelé « *ghjattu-volpe* » n'a pas encore livré tous ses secrets. On sait simplement que c'est un animal nocturne, d'où sa relative discrétion, qu'il pèse un peu plus de 4 kg et que c'est un athlète. Il pourrait parcourir de très longues distances et survivre à plus de 2 500 mètres d'altitude.

L'histoire du chat-renard corse n'a donc pas fini de se raconter de génération en génération dans les montagnes corses.

LE SINGAPURA, LE PLUS PETIT CHAT DU MONDE ?

Vous n'avez certainement jamais vu un singapura. Et ce n'est pas étonnant car comme son nom l'indique, ce chat est originaire de Singapour. La légende raconte que ces chats vivaient la nuit et se nourrissaient des poubelles des restaurants sans attitrer l'attention des Asiatiques, qui n'avaient que faire de ces animaux. Au début des années soixante-dix, deux touristes américains repèrent ces drôles de félins aux grands yeux verts et décident de les emmener aux États-Unis où ils s'attachèrent à en faire reconnaître la race. Sitôt fait, elle connut un véritable engouement outre-Atlantique alors qu'en Europe l'espèce reste encore marginale. En 2001, le LOOF (*Livre officiel des origines félines*) recense seulement vingt-huit chatons en France et depuis 2003, seulement six cents spécimens auraient été déclarés dans notre pays.

Ce félin, qui adore la présence de l'homme, est aussi connu pour être de taille moyenne, 30 cm au garrot pour un poids qui varie entre 2 et 3 kg. Ce n'est pas bien lourd.

Espiègle et curieux, c'est un animal bavard qui aime se faire entendre. Il est également affectueux avec les humains et supporte très bien la présence de ses congénères.

Peu d'éleveurs sont présents en France. Renseignez-vous auprès du LOOF si vous souhaitez en adopter un.

» Mais le singapura est-il vraiment le chat le plus petit du monde ?

Difficile de l'affirmer complètement. Je préférerais dire que cette race fait partie des plus petites, avec le skookum, le munchkin et le korat.

Le saviez-vous ?

Ailurophobie

ici nous n'allons pas parler de la santé animale, mais de la vôtre, amis ailurophobes.

Si vous ne connaissez pas ce mot, c'est que vous aimez les chats. Car l'ailurophobie se dit de quelqu'un qui déteste les chats, sans raison apparente. Cette pathologie peut être très handicapante, car un ailurophobe ne supporte pas de toucher, de croiser ou même de voir un chat. Et je vous laisse imaginer sa réaction à l'écoute du si doux et agréable (pour nous) ronronnement d'un chat.

Les personnes souffrant de cette phobie (heureusement très rare) ont du mal à l'expliquer. Un psychothérapeute est donc indispensable pour essayer d'en comprendre la ou les raisons. Cela peut remonter à l'enfance, à une morsure, au décès d'un chat aimé, ou tout simplement être lié aux croyances. Selon certains, le chat porterait malheur.

Mais rassurez-vous, amis ailurophobes. Votre pathologie se soigne. Et il faut la traiter rapidement. Selon les spécialistes, la première chose à faire est « d'essayer » de ne pas fuir l'animal. En cherchant à tout prix à éviter le félin, vous entretenez l'autorenforcement. C'est un cercle vicieux.

Il faut donc tenter d'apprivoiser votre peur par de l'hypnose, des séances de respiration et de relaxation. En gros, n'hésitez pas à consulter, car croyez-moi, rien ne vaut la caresse d'un félin et ses doux ronronnements pour vous relaxer.

INTELLIGENCE. CHIEN *VERSUS* CHAT, QUI EST LE PLUS INTELLIGENT ?

Vous êtes plutôt chien ou plutôt chat ? Si entre les deux, votre cœur balance, sachez que d'après une récente étude américaine (université Vanderbilt), le meilleur ami de l'homme « serait » plus intelligent que son copain félin. Mais comment les scientifiques sont-ils arrivés à cette conclusion ? Tout simplement en comptant le nombre de neurones dans le cortex cérébral d'un chien et d'un chat. Et le résultat est flagrant. 530 millions de neurones pour le chien contre 250 millions pour le chat. Selon la neuroscientifique et docteure Suzana Herculano-Houzel, qui a participé à l'étude : « La valeur absolue de neurones qu'un animal possède, particulièrement dans le cortex cérébral, détermine la richesse de son état mental interne et de sa capacité à prévoir ce qui va se produire dans son environnement, basé sur son expérience passée ».

Le chien marque donc le point. Mais que les amoureux des chats se rassurent, nos félins possèdent une excellente mémoire épisodique, qui est considérée comme une des formes d'intelligence que nous connaissons.

Le saviez-vous ?

Les empreintes digitales

Nos animaux domestiques (chiens et chats) possèdent des empreintes digitales, comme nous, les humains. Mais pas sur leurs pattes. Cette carte d'identité, unique à chaque animal, se situe sur leur truffe. Bien avant le tatouage ou plus récemment la puce, cette empreinte nasale était le seul système d'identification des chiens et des chats.

L'identification des chiens a commencé en France au tout début du xxe siècle. Chaque animal domestiqué devait porter un collier avec son nom, celui de son propriétaire et son adresse. Vers 1920, cette identification a laissé place à une autre méthode, plus scientifique. L'empreinte de truffe. On appliquait une encre non invasive sur le museau des chiens ou des chats et grâce au « copié-collé » des sillons nasaux, on pouvait identifier un animal.

Cette technique a été abandonnée au début des années soixante-dix pour laisser la place au tatouage, puis à la puce. Cette méthodologie n'était pas sans erreur et surtout sans conséquence pour les animaux. Dépigmentation de la truffe, allergies et morsures éventuelles pour celui ou celle qui prenait l'empreinte.

Aujourd'hui, la méthode est encore en train d'évoluer puisqu'un scanner est en cours de test. Il permettrait de scanner la truffe de votre animal (chien ou chat) et de sortir en une seconde sa signature unique.

Je rappelle que l'identification de vos animaux en France est obligatoire. Cela se fait directement sur le site de l'I-CAD. Cette simple formalité vous permettra de retrouver rapidement votre animal en cas de perte ou de vol.

Grandes questions et petits enseignements sur nos amis canins

LE CHIEN EST-IL VRAIMENT LE MEILLEUR AMI DE L'HOMME ?

La réponse est oui, mais par un gène très spécial. Selon le scientifique japonais Takefumi Kikusui de l'université Azabu au Japon, lorsque l'homme et le chien se regardent dans les yeux ou jouent ensemble, le taux d'ocytocine augmente très fortement pour l'homme et l'animal. C'est cela qui provoquerait l'amour inconditionnel du chien pour son maître.

Mais selon Clive Wyne du laboratoire des sciences canines de l'université d'État d'Arizona, « les chiens ne sont pas si malins que cela ». Pour le scientifique : « les abeilles dansent pour dire à leurs congénères où se trouve la nourriture, les pigeons reconnaissent des objets en deux dimensions et les dauphins connaissent la grammaire. Tout cela, les chiens en sont incapables. » Selon lui, les chiens sont donc les meilleurs amis de l'homme grâce à leur « hypersociabilité et leur instinct grégaire extrême ».

Que cela soit vrai ou non, le chien reste très attaché à l'homme. Et pourtant, il n'est pas l'animal domestique le plus présent dans les foyers français. Il arrive même à la quatrième place derrière les poissons rouges, les chats et les oiseaux.

LE CHIEN DESCEND-IL DU LOUP ?

La réponse est oui, mais d'un loup préhistorique, très loin génétiquement du loup moderne que nous connaissons aujourd'hui.

Selon les scientifiques, le chien aurait été domestiqué par l'homme il y a plus de 15 000 ans. Bien avant les chats, les bovins ou même les chevaux.

Jean-Denis Vigne, archéozoologue au Muséum national d'histoire naturelle de Paris, expliquait récemment dans une émission de radio (*La Tête au carré*, France Inter, février 2018) « qu'en vivant auprès des hommes préhistoriques, les loups ont petit à petit appris à ne plus attaquer les troupeaux, mais à les garder et à ne plus chasser l'homme, mais plutôt à chasser avec lui ».

C'est donc au contact de l'homme que le loup aurait, de génération en génération, muté en chien.

Aujourd'hui, selon la Fédération cynologique internationale, on dénombre 333 races de chiens reconnues à titre définitif à travers le monde. S'ajoutent à ce classement des dizaines de races dans la catégorie « Reconnues à titre provisoire ».

INTELLIGENCE DU CHIEN

Des scientifiques ont essayé de prouver que certaines races de chien étaient plus « intelligentes » que d'autres. Pour y arriver, ils ont testé la capacité des chiens à interpréter les gestes humains, de voir s'ils pouvaient contourner une clôture transparente en forme de V pour accéder à une récompense alimentaire, si les chiens étaient indépendants, et s'ils pouvaient demander de l'aide à un humain lorsque leur mission était impossible à réaliser.

À noter quand même que, selon Saara Junttila, coauteur de l'étude et doctorante en cognition canine à l'université d'Helsinki : « *La plupart des races avaient leurs propres forces et faiblesses. Par exemple, le labrador retriever était très bon pour lire les gestes humains, mais pas si bon pour résoudre les problèmes spatiaux. Certaines races, comme le chien de berger shetland, ont obtenu des scores assez uniformes dans presque tous les tests.* »

Voici donc (selon cette étude) les races de chiens les plus intelligents :
1. Berger malinois.
2. Australian kelpie.
3. Labrador retriever.
4. Border collie.

Et les moins intelligents :
1. Lévrier afghan.
2. Basenji.
3. Bouledogue.
4. Chow-chow.

Mais pour nous tous, amis des animaux, tous les chiens sont intelligents, tout simplement car ils ont gagné notre cœur.

ODOROLOGIE

Daniel Grignon, expert cynologue et moniteur cynotechnique, a importé de Hongrie en 1999 l'odorologie. Cette technique permet de prélever des millions de molécules d'odeur, puis de les transférer sur des tissus spéciaux qui peuvent être gardés pendant de nombreuses années dans des pièces hermétiquement fermées aux UV et maintenues à une certaine température.

Pour résoudre une enquête, des chiens spécialement éduqués viennent renifler ces tissus et en comparaison avec des indices retrouvés sur une scène de crime, permettent d'identifier un suspect, même des années après le crime.

Il faut cinq mois pour former un chien. Toutes les races peuvent le faire, mais il faut que le chien soit intéressé. On a d'ailleurs plutôt tendance à utiliser des chiens de berger ou de chasse pour cet exercice, car ils répondent plus vite aux sollicitations olfactives.

Le formateur doit se familiariser avec l'animal pour que celui-ci ait envie de participer. Le chien doit apparenter l'exercice à un jeu.

Mais attention à ne pas les confondre avec les chiens renifleurs du Covid-19, de drogue et d'explosifs. Ce sont des techniques différentes qui demandent un travail du chien différent.

RÉDUIRE LES NUISANCES SONORES DE MON CHIEN

Les chiens aboient, et c'est normal. C'est leur façon de communiquer. Mais peut-être avez-vous remarqué que le vôtre est plus bruyant que les autres. Il faut y prendre garde, surtout si vous sentez que ces aboiements ne se calment pas lorsque vous le demandez ou que votre « toutou » aboie sans raison sur tout ce qui passe devant lui.

Il y a plusieurs raisons à ces situations.

» L'envie de jouer

Votre chien se sent peut-être frustré et c'est sa façon de vous réclamer un peu d'attention. Dans ce cas, c'est à vous de décider si le moment est bien choisi pour une partie de jeux.

Pensez que votre animal de compagnie doit avoir de vrais moments de détente avec vous. C'est aussi une façon de resserrer les liens entre lui et vous. Il faut donc lui réserver plusieurs fois par jour un peu de votre temps.

» L'insécurité

Les chiens sont programmés pour monter la garde. Si une personne s'approche d'un peu trop près de son lieu de vie, il va aboyer. C'est normal. Il exprime au visiteur que celui-ci est en train d'entrer sur son territoire. C'est aussi une façon de vous prévenir qu'un intrus arrive chez vous.

En revanche, si votre chien aboie dès qu'il croise des congénères en promenade ou des enfants qui jouent à la balle, alors ce comportement n'est pas normal. Bien souvent, ce sont les maîtres eux-mêmes qui transmettent à leur animal de compagnie un sentiment d'insécurité. Si chaque fois que vous croisez un autre chien vous tirez sur la laisse ou si vous changez de trottoir dès que vous rencontrez quelqu'un, votre animal va sentir le danger et intégrer qu'il doit se manifester systématiquement lorsque la situation se reproduira. Pensez à être le plus naturel possible lors de vos sorties. Toutes les situations doivent se gérer de manière normale, sans signe de stress de votre part. Pensez que le chien est une véritable éponge qui analyse en permanence vos comportements.

» La douleur

Ces aboiements-là sont très particuliers et totalement différents des autres. Les animaux n'ont pas l'habitude de montrer qu'ils ont mal. Afficher leur vulnérabilité dans la nature, ce serait la certitude pour eux d'être une proie facile pour un prédateur. Ils cachent donc au maximum leur douleur. Mais lorsqu'ils ne peuvent plus le faire, alors leurs aboiements deviennent très intenses. Vous les reconnaîtrez facilement. Dans ce cas, je vous recommande de consulter très rapidement votre vétérinaire qui saura vous expliquer la situation.

Bien sûr, il y a de nombreuses autres raisons pour lesquelles votre chien peut aboyer ou gémir (la solitude, l'impatience, la peur, la jeunesse…). La liste est longue, mais analysez toujours ces jappements, qui sont souvent une façon pour votre animal de communiquer avec vous.

» Mais comment faire cesser les aboiements intempestifs ?

La solution, c'est de bien connaître votre animal. Il faut donc passer du temps avec lui.

La première chose à faire est de jouer. Le jeu calme son impatience et ses humeurs. Mais attention de ne pas provoquer également chez lui un enchaînement de situations. Aboiements = jeu.

Vous devez donc varier les plaisirs. Le jeu, le sport, les sorties… sont autant d'activités que vous pouvez et devez faire avec votre animal, autant de fois que possible.

Si votre chien a beaucoup d'énergie et qu'une simple balade ne suffit pas, pensez à l'*agility*. Ce sport canin consiste à réaliser un parcours d'obstacles avec son animal (avec ou sans chrono). Les bénéfices sont nombreux car en plus de pratiquer une activité physique avec votre animal, ce temps de complicité renforcera votre relation sur le long terme. Il existe de nombreux clubs à travers tout le territoire et même un championnat, dont l'organisation officielle est réalisée par le FCI (Fédération cynologique internationale).

» Mon chien aboie à chaque fois que je quitte la maison. Que faire ?

Dans cette situation (qui est la plus courante), vous devez lui faire comprendre que quitter la maison est quelque chose de normal. Il faut donc commencer l'entraînement très jeune. Si votre animal est déjà adulte, il vous faudra un peu plus de patience, avec la même technique.

Pour commencer, montrez-lui que sortir seul de chez vous n'est pas un problème. Habillez-vous normalement, faites ce que vous avez à faire avant de sortir et au moment de partir, ne lui dites pas au revoir. Partez de manière naturelle. Ne créez pas de cérémonial autour de votre départ.

Commencez par des petites absences de quelques minutes, puis augmentez petit à petit la durée. Quand vous rentrez, ne lui faites pas la fête, pas de câlins. Attendez de vous déchausser, de poser vos clés et votre manteau, lavez-vous les mains. Et seulement après cette petite mise en scène, vous pourrez caresser votre chien. Avec ces gestes, petit à petit votre chien va comprendre que chaque fois que vous sortez, vous allez revenir. La situation va donc devenir normale pour lui.

Si cette technique ne fonctionne pas, vous pouvez prendre quelques cours de dressage avec un entraîneur canin. C'est en général assez efficace.

» Mon chien aboie sur ses congénères. Que faire ?

Si cela arrive à chaque fois que vous rencontrez quelqu'un dans la rue ou que vous croisez un autre chien, c'est que votre animal n'a pas compris que cette situation est normale. Il ne s'est peut-être pas assez trouvé en présence d'autres chiens pour comprendre leurs modes de fonctionnement. Il est donc indispensable de le sociabiliser en participant à des activités canines. Renseignez-vous auprès d'un club près de chez vous.

Mais le responsable, c'est peut-être tout simplement vous. Eh oui, vous !

Votre attitude peut aussi être la cause de ces aboiements. Vous devez établir une relation de confiance entre vous et votre animal, qui passe, comme je l'ai dit plus haut, par une bonne connaissance de celui-ci. Apprenez-lui à vous obéir. « Assis », « couché », « debout », « calme »... sont des ordres qu'il doit connaître.

La laisse entre vous et votre chien doit être aussi détendue que possible pour que la situation le soit également. Ne tirez pas constamment dessus. Votre animal doit avoir suffisamment d'espace libre pour bouger comme il le souhaite.

Les causes des aboiements des chiens sont nombreuses et chaque cas est particulier. N'hésitez pas à en parler à un spécialiste canin pour vous aider à améliorer la situation.

CBD. T'en veuuuuuux ?

Depuis quelques années, le CBD a déboulé dans nos vies d'humains, mais aussi dans celle de nos animaux. Ce dérivé du chanvre aurait des vertus apaisantes, antistress et antidouleurs. Alors vrai ou faux, donner du CBD est-il vraiment sans danger pour nos animaux ? Répondre à cette question exige d'abord quelques explications. Et la première chose à savoir, c'est la différence entre le cannabis et le CDB.

Le cannabis, qui provient de l'espèce *Cannabis sativa*, possède environ 500 composés actifs dont le tétra hydro cannabinol, que l'on appelle aussi le THC. C'est lui qui nous plonge dans un état « planant ». La molécule arrive très rapidement sur nos récepteurs qui se trouvent dans notre cerveau et qui ont un effet psychotrope, agissant sur notre dopamine.

Le CDB quant à lui, qui provient également du chanvre, ne provoque pas cette sensation de dépendance, car sa molécule ne se fixe pas sur notre système nerveux (B1), mais sur le système immunitaire (B2). Il envoie un message de bien-être au cerveau, sans accoutumance.

Alors, le CBD est-il dangereux pour nos animaux ?

Selon les scientifiques, non, il n'y a aucun problème à utiliser du CBD pour votre animal, puisqu'il n'y a aucune action d'accoutumance ou d'effet « planant ». Depuis 2012, les effets anxiolytiques du CBD ont même été prouvés.

Réduction du stress, des douleurs articulaires, de l'épilepsie, il régule les troubles du comportement et ceux dus à l'âge chez les plus vieux chiens et chats.

Malgré tout cela, il faut rester prudent avant d'utiliser du CBD. Le mieux est toujours de demander conseil à votre vétérinaire. Il saura vous indiquer les meilleures marques et surtout la posologie à respecter.

COMMENT GÉRER LES DÉJECTIONS DE MON CHIEN LORS DES PROMENADES ?

Tout propriétaire de chien le sait, la promenade (minimum trois fois par jour) est le moment pour le chien de se dégourdir les pattes, mais aussi de faire la petite et la grosse commission. Et on ne va pas se mentir, ce moment-là n'est jamais le plus agréable à vivre pour nous les humains. Car oui, s'il est naturel pour l'animal (comme pour nous d'ailleurs) de se soulager plusieurs fois par jour, il est tout aussi naturel pour le propriétaire de nettoyer les déjections de son animal. Et soyons honnêtes, ce n'est pas toujours le cas. Qui n'a jamais marché dans une crotte encore toute fraîche, innocemment oubliée en plein milieu du trottoir ? Même si nous adorons nos animaux, quand cela nous arrive, nous perdons parfois le contrôle de nos mots. Et c'est bien normal.

Le manque d'hygiène est un fléau dans nos villes et même dans nos campagnes. Ramasser la crotte de son chien est tout simplement une question de civisme et de bonne éducation. Et si vous ne le faites pas, vous enfreignez la loi et risquez une amende (relativement élevée) qui varie selon les communes.

Pourtant, de nombreuses solutions existent pour réduire ce problème. Certaines communes ont mis à disposition des propriétaires des « sacs à crottes » pour ramasser les déjections des poilus. Récemment, la ville de Béziers est allée encore plus loin, en rendant obligatoire le prélèvement d'ADN de tous les chiens de la commune pour être identifiés et facilement repérés si leurs déjections étaient « oubliées » sur le trottoir par leur « étourdi » de maître. Une application est également disponible pour géolocaliser les crottes sur les trottoirs. Intelligemment appelée « Bye bye crottoir », elle est disponible sur Google Play uniquement et pour quelques villes seulement.

Certaines communautés ont également opté pour la création d'espace délimité (parc à chien) pour pouvoir faire ses besoins en toute sérénité. Cette solution a l'avantage de proposer une alternative aux propriétaires de canidés. Mais pour être efficace, cet espace doit être nettoyé régulièrement, sous peine de voir le tas de sable se changer en tas de crottes. Moins glamour, avouez-le. Je veux aussi rappeler ici que la chasse à la crotte n'est pas nouvelle dans nos villes. Déjà en 1982, Jacques Chirac, qui était alors maire de Paris avait inventé les motocrottes ou plus subtilement appelées les « Chiraclettes », en hommage à l'édile de la ville. Elles rouleront jusqu'en 2004 avant d'être supprimées par la mairie de Paris (sous l'ère de Mme Hidalgo), trouvant cette solution trop onéreuse pour la capitale.

LE CHRISTIANISME ET LE CHIEN

Si le chat n'apparaît nulle part dans la Bible, il n'en est pas de même pour le chien. Mais si aujourd'hui, le canidé est le meilleur ami de l'homme, cela ne l'a pas toujours été.

Par exemple, on trouve dans le livre des Proverbes cette maxime : « Comme le chien revient à son vomissement, le sot retourne à sa folie » (Pr XXVI,11).

Dans le Deutéronome : « Tu n'apporteras pas à la maison de Yahvé ton Dieu, ni le salaire d'une prostituée, ni le paiement d'un chien, quel que soit le vœu que tu aies fait » (Dt XXIII,19).

Dans l'Ancien Testament, le chien est également qualifié d'impur.

On voit bien par ces quelques lignes que le chien n'est pas le bienvenu aux côtés des hommes. Mais selon le théologien Yves I-Bing Cheng, Jésus aurait employé le terme de « chien » pour désigner ceux qui s'éloigneraient de la foi chrétienne. Ce serait donc une métaphore pour parler des impies.

La légende raconte aussi que saint Roch (1295-1327) se serait isolé dans une forêt pour mourir de la peste, mais qu'un chien serait venu tous les jours le voir pour lécher ses plaies et le soigner, ce qui aurait permis au saint de s'en sortir. Depuis, saint Roch est le patron des métiers canins. En Bolivie par exemple, le 16 août, jour de la Saint-Roch, les chiens de tout le pays sont célébrés.

Plus près de nous, le pape François déclare en 2022 : « Les chiens et les chats prennent la place des enfants. » Le souverain pontife s'inquiétait alors d'une baisse de la natalité dans certains pays. Alors, faut-il pour autant dire que la religion catholique n'aime pas les chiens ? Non, bien sûr. D'ailleurs il me semble, sans être religieux, que Dieu n'abandonnera pas sur la route un animal qu'il a lui-même créé.

NAZI

On sait depuis longtemps que Hitler aimait les chiens. Il en a eu toute sa vie, mais ce sont ces deux bergers allemands, Blondi et Bella, qui sont entrés dans la postérité. L'histoire de Blondi est particulièrement tragique. Elle fut tuée par Hitler dans son bunker, juste avant de se donner lui-même la mort.

Le führer, dans son délire meurtrier, fit avaler à sa chienne du cyanure qui devait servir ensuite à son suicide et à celui d'Eva Braun.

Mais ce que l'on sait un peu moins, c'est que les nazis auraient aussi tenté d'apprendre à lire à des chiens, afin de créer une armée de chiens savants. C'est ce que l'on apprend dans le livre *Amazing Dogs : A Cabinet of Canine Curiosities* de Jan Bondeson.

Les nazis pensaient que les chiens étaient doués d'une intelligence presque égale à l'homme. En 1930, Hitler créa une école militaire canine, dirigée par Margarethe Schmitt, dans le but de renseigner et combattre auprès des SS. Certains chiens seraient même arrivés à épeler l'alphabet en tapant le sol avec leurs pattes. Heureusement, ce centre de formation fut fermé après la guerre.

LE CHIEN LE PLUS PETIT DU MONDE EST LE CHIHUAHUA

Selon le *Livre Guinness des records*, il s'agit d'un chihuahua né aux États-Unis en 2023 et baptisé Pearl. Cette petite boule de poils ne pesait à 2 ans que 553 g pour 9,14 cm de haut et 12,7 cm de long. Pour vous donner une idée de ce que cela représente, le livre explique que le chien n'est pas plus grand qu'un billet de 1 dollar.

En décrochant le titre de « chien le plus petit du monde », Pearl a détrôné un autre chihuahua, Miracle Milly, aujourd'hui décédée, qui mesurait à peine 10 cm de haut pour 450 g.

Mais il y avait encore plus petit. En 1943, un yorkshire terrien nain qui vivait en Angleterre ne mesurait que 7,11 cm de haut pour 9,5 cm de long. Il n'y a jamais eu plus petit, et quelque part, c'est très bien ainsi.

Entretien avec

Hélène Gateau

Connaissez-vous la dog-parentalité ? Êtes-vous un dog-papa ou une dog-maman ?
Ce concept d'origine anglo-saxonne est arrivé dans notre pays il y a quelques années et ne cesse de faire des émules en France. Il faut dire que 50 % des Français partagent leur foyer avec un animal de compagnie, il est donc normal de trouver parmi ces amoureux des animaux des « dog-parents ». Mais que se cache-t-il derrière ce concept ? Comment devient-on un dog-parent ?
Pourquoi parle-t-on seulement de « dog » et pas de « cat » ou de « poule » ou même de « poisson rouge » parents ?
Selon un sondage YouGov France pour Ultima, 21 % des propriétaires considèrent leur animal comme un enfant. L'animal domestique est donc un membre à part entière de la famille.
Le Dr Hélène Gateau, vétérinaire, journaliste et écrivaine, nous parle de ce sujet qu'elle connaît bien étant elle-même maman de Colonel, un border terrier qui partage sa vie.

Gérald Ariano
Comment définir de manière simple la pet-parentalité ?

Hélène Gateau
Je dirais que c'est ressentir et nourrir un lien maternel (parental) et nourricier envers son animal.

G. A.
Racontez-nous comment Colonel est entré dans votre vie ?

H. G.
Je n'avais plus de chien depuis plus de cinq ans, Roots, un jack russell terrier, étant mort en août 2013. J'ai mis du temps à faire le deuil et je n'avais plus une vie adaptée à un chien. Puis en 2018, l'envie est revenue, galopante, et je voulais absolument un border terrier (j'ai fait ma thèse vétérinaire sur les terriers et j'adore cette race depuis longtemps). Donc, j'ai fait les démarches fin 2018 pour trouver un élevage, et en mars 2019, je ramenais Colonel à la maison. C'était vraiment un choix réfléchi, mûri, et les conditions étaient réunies pour que je l'accueille au mieux et que je puisse lui consacrer du temps et lui offrir, je crois, une belle vie.

G. A.
Entretenir une relation fusionnelle, presque filiale avec un animal de compagnie peut paraître surprenant. Que dites-vous à celles et ceux qui estiment qu'un animal ne peut pas remplacer un enfant ?

H. G.
Je ne dirais pas qu'un chien remplace un enfant. Quand on veut un enfant et que c'est viscéral, le chien ne peut pas être un substitut. Même si j'ai reçu des témoignages de personnes qui me disaient que la vie les avait privés d'enfant (infertilité, maladie, circonstances de rencontres...) et que prendre un chien leur avait permis de faire le deuil de l'enfant qu'ils n'auront jamais. Ce que je compare dans mon livre (*Pourquoi j'ai choisi d'avoir un chien... et pas un enfant*), c'est le lien d'attachement que l'on peut avoir avec un chien et celui qu'une maman (un parent) peut avoir avec un bébé, un enfant. Et je montre les similarités qui existent et qui sont réelles.
Mais à ceux qui critiquent ce choix, cette considération de l'animal, je réponds souvent : en quoi cela est-il dérangeant ? À qui est-ce que je fais du tort ? Si je ne me suis pas sentie capable ou si je n'ai pas eu envie d'avoir un enfant, il valait mieux que je ne me lance pas dans cette aventure de la maternité !
Si je suis heureuse avec mon chien, qui est-ce que cela dérange ?

G. A.
Y a-t-il des périodes dans la vie plus propices à devenir pet-parent ?

H. G.
D'après les lectures et la bibliographie que j'ai pu mener pour mon livre, mais aussi grâce à mon expérience et à l'observation des gens autour de moi, il y a effectivement plusieurs conditions de vie qui sont plus propices à se sentir « pet-parent » : lorsqu'on est un jeune couple sans enfant et qu'on se lance dans l'aventure avec un animal, lorsque les enfants ont quitté le nid familial (pour combler le syndrome du nid vide), et lorsqu'on ne souhaite pas avoir d'enfant dans sa vie (ce qui est mon cas). Finalement, ceux qui se considèrent moins comme « pet-parent », ce sont les parents de jeunes enfants. Les femmes également sont plus enclines à cet attachement.
Quant au célibat, oui forcément, il conditionne un lien d'attachement très fort avec son animal. Attention cependant à ne pas faire peser sur les épaules du chien trop de « poids » : le mec et la femme que l'on n'a pas, l'enfant que l'on voudrait avoir, mais que l'on n'a pas...

G. A.

À la différence d'un enfant, l'espérance de vie d'un animal de compagnie est plus réduite. La pet-parentalité prend-elle en compte ce moment de la vie et comment le gère-t-elle ?

H. G.

La mort de l'animal est une étape incontournable (à cause de leur durée de vie) qui est effectivement redoutée et redoutable. Je n'ai pas de baguette magique pour appréhender au mieux ce moment. Moi-même je le redoute. J'essaie d'y penser le moins souvent possible même si parfois cela m'envahit et me fait presque paniquer. Dans ce cas-là, la seule chose que je peux faire est de me dire que je fais tout ce qui est en mon possible pour offrir à Colonel la plus belle vie qui soit. Pour me dire que je n'aurai rien raté, rien bradé de ma relation avec lui et donc au moins, ne pas avoir de regrets ou de culpabilité par rapport à ce que je lui aurai apporté.

G. A.

Imaginez vous reprendre un animal après le départ de Colonel ?

Reprendre un autre chien après ? Je ne sais pas. Je crois que c'est une décision très personnelle.

Certains auront besoin de retrouver vite la compagnie d'un chien, d'autres préféreront s'arrêter là, certains auront besoin de temps. Tout cela relève de l'intime de chacun : le rapport à la mort et à la vie.

Après, pour refaire le parallèle avec un enfant humain, je dis souvent qu'il y a tout de même une « petite » similitude : quand les enfants deviennent grands, qu'ils s'émancipent, partent de la maison, ne donnent plus de nouvelles car ils ont leur vie… c'est en quelque sorte une « petite mort » pour les parents. On fait le deuil d'une relation, celle de parent à jeune enfant. L'enfant disparaît pour laisser place à une autre personne. Et je sais que c'est une source de profonde angoisse aussi pour les parents.

« On n'a pas deux cœurs, un pour les animaux et un pour les humains. On a un cœur ou on n'en a pas. »

Lamartine

G. A.

L'humanisation d'un animal n'est-elle pas un phénomène lié à notre époque qui se cherche un peu ?

H. G.

Alors pour ma part, je rejette l'idée de l'humanisation. Je n'humanise absolument pas Colonel. Il a dans ma vie une place très importante et j'ai avec lui un lien d'attachement maternel, mais ce n'est pas un être humain.

Maintenant oui, l'importance qu'on accorde aux animaux dans nos vies est liée à l'époque que nous traversons. Non pas que notre époque est plus difficile que celles traversées par nos ancêtres (je ne suis pas sûre qu'il faisait mieux vivre au XIXe ou au début du XXe siècle), mais plutôt qu'aujourd'hui, on peut remettre en question le fait de faire ou non des enfants. Alors qu'avant, on avait des enfants, point barre. Et puis il n'y avait pas de moyens de contraception. À notre époque, on a le choix. Et donc, quand on constate les crises géopolitiques,

environnementales et même sociétales que nous traversons, forcément on se pose la question de faire naître un enfant dans un tel climat.
Les rapports entre humains ont aussi beaucoup évolué ces dernières décennies avec les réseaux sociaux, la connectivité permanente… l'animal est un point d'ancrage au réel, à l'instant T, au présent, et c'est salutaire pour nous, êtres humains.
Ce qui est sûr aussi, c'est qu'aujourd'hui, faire famille n'est plus aussi hétéro-normé qu'il a pu l'être au cours des siècles qui nous précèdent. On parle de familles recomposées, monoparentales, on peut faire le choix de congeler ses ovocytes, on peut avoir recours à la PMA voire à la GPA pour avoir des enfants, au sein d'un couple hétéro ou homo… Bref, il existe tant de schémas narratifs différents de ce qu'est la famille aujourd'hui ! Et on peut aussi faire famille avec un animal, et c'est ce que je défends ! L'animal est un être vulnérable et sensible, dont on prend soin, comme on le fait d'un enfant. D'ailleurs, en latin, *infans* (enfant) signifie : celui qui ne parle pas !

G. A.
Certains critiques estiment que traiter les animaux comme des enfants peut nuire à leur bien-être naturel. Comment répondez-vous à ces préoccupations en tant que vétérinaire ?

H. G.
Je suis parfaitement d'accord avec ces critiques ! J'en reviens à l'humanisation des animaux. C'est une très mauvaise chose car on leur attribue des besoins humains, à en oublier leurs besoins de canidés. Et avec le double risque de passer à côté de ce que l'animal est réellement (et donc de ce qu'il peut nous apporter dans sa différence) et de ne pas prendre en compte son bien-être, qui est lié au respect de ses besoins en tant que chien. Un chien qui ne peut pas vivre une vie de chien et s'exprimer en tant que tel, va être en proie au stress, à la frustration, à la peur, et son mal-être va se traduire par des comportements qualifiés d'indésirables (incapacité à rester seul, agressivité envers les congénères voire les humains, vocalisations, destructions…), comportements qui vont altérer la relation avec l'humain et la famille, et la finalité c'est que personne n'est bien.
Donc parfois, à trop aimer, on peut mal aimer !
Ce que je réponds en tant que vétérinaire, c'est qu'on peut aimer infiniment son animal, mais la plus belle preuve d'amour est de le considérer en tant que chien et lui permettre d'exprimer ce qu'il est, tout en lui apprenant à vivre dans un environnement humain.

G. A.

Quels sont les changements les plus positifs que vous avez observés chez les animaux dont les propriétaires adoptent une approche de pet-parentalité ?

H. G.

Il y a chez certains pet-parents, et heureusement, une vraie démarche pour comprendre leur animal et faire en sorte qu'il soit équilibré. En se renseignant sur les caractéristiques propres à sa race, en se faisant aider par un éducateur qualifié, en faisant appel à un dogsitter pour lui offrir des balades collectives et à la campagne quand on mène une vie urbaine… Ce type de services se démocratise et je trouve ça bien pour l'animal. Les chiens sont ainsi plus sociables, plus adaptables à notre mode de vie qui n'est plus ultrasédentaire… Colonel en est un bon exemple : j'ai fait en sorte depuis son plus jeune âge de le stimuler mentalement, de lui faire découvrir de nombreuses situations et des environnements différents, et voilà un chien qui est à l'aise partout où je l'emmène. Plateaux télé, restaurants, transports, ville, campagne…

G. A.

Tous les retours d'expérience le prouvent, la pet-parentalité rend également les propriétaires heureux. Quels sont les effets positifs que vous avez pu observer chez vous ou chez les pet-parents que vous connaissez ?

H. G.

Retours d'expérience et études scientifiques sont là pour nous montrer à quel point la présence d'un animal est bénéfique, à de nombreux égards. Physiologiquement, mais aussi psychologiquement. C'est une présence qui rassure, qui permet de ne jamais se sentir seul, c'est le seul être vivant de la famille ou de son groupe social qui soit non jugeant. La relation à l'animal est aussi toujours gratifiante, donc cela donne confiance. Ça responsabilise aussi, donne un but quotidien…

Attention cependant : l'animal peut aussi être source de stress car c'est justement une responsabilité et certaines personnes ne sont tout simplement pas en mesure d'assumer les contraintes liées à l'animal. Cela peut représenter une forme de surcharge mentale, on parle même chez certaines personnes du « baby-blues » lié à l'arrivée de l'animal au sein du foyer car l'organisation de la vie change !

G. A.

Peut-on être pet-parent avec tous les animaux ? Chiens, chats, vaches, poules ou même cochons d'Inde ?

H. G.

Vous savez, je me permets de dire qu'on peut nourrir un sentiment maternel avec un chien, proche de celui qu'une maman a avec un enfant. Alors il serait malvenu de ma part de dire que ce sentiment ne pourrait pas exister avec d'autres espèces. C'est finalement quelque chose de très personnel que ce lien d'attachement qu'on noue avec un animal. Et chacun a le droit d'y mettre l'intensité et la dimension qu'il souhaite.

En revanche, ce que je crois, c'est que la relation avec le chien se rapproche peut-être plus de ce qu'on peut vivre avec un enfant car il y a toute la dimension éducation, le caractère sociable, le fait qu'on peut vivre des aventures avec un chien, faire des activités… ce qui est moins le cas avec d'autres espèces.

G. A.
Quels conseils pouvez-vous donner à celles et ceux qui veulent se lancer dans la pet-parentalité sans tomber dans les clichés et les excès ?

H. G.
Déjà, je ne pense pas qu'on se lance dans la pet-parentalité. On ne se dit pas : « Je vais prendre un chien ou un chat qui sera comme mon enfant. » Non, on choisit d'acquérir un animal et ensuite, le lien d'attachement se construit et là, on se dit qu'on ressent des choses qui nous semblent très proches d'un lien parental et on se définit alors comme un pet-parent, ou une *dogmom* me concernant !
Mais certains vont plutôt considérer leur chien comme leur meilleur ami, comme leur partenaire de vie… Chacun est libre de construire la relation qu'il souhaite avec son animal, à condition de le respecter en tant que tel, on y revient toujours.
Donc, mes conseils sont toujours de faire preuve d'humilité, de ne pas fantasmer aussi un animal parfait, de ne pas hésiter à se faire aider par des personnes qualifiées, de faire preuve de patience, de constance et de cohérence dans ce qu'on demande et attend de l'animal, et de chercher à entrer dans le monde de l'animal plutôt que de lui demander de toujours faire l'effort de s'adapter à notre monde d'humain.

Entretien avec

Yoann Latouche

PRÉSIDENT DE L'AGENCE YLG

Comment travailler dans la pet-influence ?
Depuis de nombreuses années, les réseaux sociaux regorgent de comptes qui mettent en scène des animaux. Qui n'a pas vu ces images d'influenceurs se photographiant avec un animal sauvage ou jouant avec un petit chaton.
De leur côté, les marques peuvent parfois utiliser des animaux pour vanter leurs mérites (vêtements, chocolat, etc.).
Mais alors ? Comment se retrouver dans ce méli-mélo de communication à tout va ?
Quels sont les bonnes pratiques et les excès à ne pas dépasser ? Comment devenir un bon pet-influenceur ou comment communiquer de manière intelligente sur sa marque ?
Yoann Latouche est le président de YLG, une agence de communication d'influence et de communication animalière. Fin connaisseur du monde de la communication, il nous donne son avis sur ce monde qui se cherche encore un peu et qui se structure rapidement.

Gérald Ariano
Vous êtes à la tête d'une agence de communication d'influence et de communication animalière. En quelques mots, comment pouvez-vous définir votre travail ?

Yoann Latouche
J'ai monté une société qui est au service des marques, fondations et/ou associations, afin d'établir le message qu'ils souhaitent passer, et ensuite, nous nous chargeons de le diffuser au plus grand nombre *via* différents canaux : la presse, les réseaux sociaux, la pub, le Web...

G. A.
C'est un métier relativement récent. Pourquoi n'existait-il pas avant ?

Y. L.
La communication existe depuis la nuit des temps. Les animaux, les humains...

le vivant communique depuis toujours. Il est vrai que depuis quelques années, la communication de marque s'est énormément développée. La publicité et le marketing ont envahi le monde en un siècle. Ce qui a encore plus accéléré la communication ces dernières années, c'est l'arrivée des réseaux sociaux. La quasi-totalité de la planète les utilise.
Et c'est devenu un moyen incontournable pour les marques de toucher les potentiels consommateurs. Les animaux et le Web, c'est une histoire d'amour qui a vite pris. Ils sont partout et les gens adorent les contenus animaliers, qu'ils soient drôles, mignons, tristes…

G. A.
N'avez-vous pas peur d'utiliser les animaux pour servir des intérêts financiers ?

Y. L.
Peur, non… car c'est bel et bien le cas… et c'est très assumé. Notre conduite est dictée par notre passion et notre expertise. Toute l'équipe de l'agence est experte. J'ai un brevet d'éducateur canin, un BEP et un BAC conduite et gestion de l'élevage canin et félin, un certificat de capacité pour les animaux domestiques et de nombreux stages et formations en éthologie, santé, bien-être, alimentation.
Il y a un réel besoin de communication dans le secteur animalier et je préfère que ce soit fait par mes équipes qui connaissent parfaitement les animaux que par des gens qui feraient n'importe quoi, juste pour l'appât du gain. Bien sûr, nous sommes une entreprise. Donc oui, nous gagnons de l'argent ; mais sans exploiter les animaux, je tiens à rassurer tout le monde.

G. A.
Quelles sont les limites que vous vous imposez ?

Y. L.
Les limites sont nombreuses. Nous avons une charte précise du bien-être animal. Mais dans la réalité des faits… Nous n'avons pas besoin de l'envoyer. Car sur les profils Instagram, TikTok, etc., nous voyons très vite si l'animal est bien traité, épanoui et s'il y a une belle complicité avec le maître… ou pas. Lorsqu'on s'y connaît en comportement et signaux d'apaisement, nous reconnaissons très vite avec qui nous pouvons travailler.
À l'inverse, nous savons aussi avec qui nous ne pouvons et nous ne voulons pas travailler. De manière générale, dans notre domaine d'activité, la seule chose que le propriétaire fait avec son animal, c'est un shooting (photo ou vidéo). Cela doit être très court, juste quelques minutes. Si ce n'est pas le cas, vous vous énervez, vous énervez l'animal et le résultat sera toujours décevant. Il faut faire en sorte que l'animal s'amuse et prenne plaisir, sans contrainte.

G. A.
Quelles sont les trois grandes règles qu'une marque doit s'imposer si elle veut mettre son activité en avant en utilisant un animal ?

Y. L.
Les trois règles selon moi :
- Vendre un produit vraiment utile pour les animaux. Ça peut paraître stupide… mais énormément de produits sont issus du « *bullshit marketing* ». Ils vantent d'énormes bienfaits pour l'animal, mais rien n'est prouvé scientifiquement… surtout dans le domaine de l'alimentation.
- Être expert. Ça rejoint le premier engagement. Lorsqu'on commercialise des produits pour les animaux, on se doit de bien les connaître. Il ne faut pas mettre en avant dans les communications des animaux hypertypés ou encore brachycéphales. Ces derniers sont adorables mais font débat justement dû à l'hypertype qui les empêche de bien respirer, de se reproduire, d'avoir une mobilité normale… Les clubs de races travaillent dans le bon sens pour éviter les sujets malades.
- Dernier point, sans hésiter, soutenir ceux qui œuvrent aux côtés des animaux abandonnés, maltraités ou délaissés. Lorsque l'ADN de ton entreprise est les animaux, tu te dois de les aider en retour.

G. A.
On voit de plus en plus d'influenceurs se servir de leurs animaux pour obtenir une notoriété. La loi sur l'utilisation d'animaux sauvages a récemment évolué. Se servir ainsi d'un animal est passible de deux ans d'emprisonnement et 300 000 € d'amende. Pensez-vous que la loi est assez sévère ?

Y. L.
Non, je ne pense pas qu'elle soit assez sévère. Même si, en France, on ne peut pas se plaindre des lois votées pour protéger les animaux. Il y a encore beaucoup de travail, mais c'est loin d'être aussi avancé dans la plupart des autres pays de la planète. Chez nous, le problème n'est pas la loi… C'est plutôt de la faire appliquer. Il est très rare que les actes de maltraitance sur animaux soient jugés et lorsque c'est le cas, les peines sont minimes.

G. A.
Peut-on vraiment être un bon pet-influenceur et quelles sont les règles ?

Y. L.
La seule règle est d'aimer son animal, être les meilleurs amis du monde, complices et le faire juste pour s'amuser et partager ces bons conseils aux autres propriétaires d'animaux. Ce n'est pas plus compliqué que cela.

G. A.
Que pensez-vous de ces vidéos dans lesquelles on voit un animal costumé ou en train de danser avec son maître, juste pour le buzz ?

Y. L.
Je trouve cela scandaleux. Je combats fermement l'anthropomorphisme. Les plateformes (Meta, YouTube, TikTok…) devraient interdire ce genre de contenus. Et c'est à nous de les combattre. Si ces contenus n'ont pas de succès, il n'y en aura plus. Donc, l'idéal est de ne pas liker, pas commenter et ne pas partager. Tout simplement !

G. A.
Mais finalement, n'est-ce pas de la maltraitance tout court de mettre en scène un animal ?

Y. L.
Non, je ne pense pas. Je suis très fan de la complicité en oberythmé (*dog dancing*), par exemple, ou encore de plein de comptes sur les réseaux où les animaux vivent leur meilleure vie. Si c'est fait avec amour et expertise, je suis pour. Une fois de plus, tout dépend comment c'est fait.

G. A.
Selon vous, comment va évoluer votre métier ?

Y. L.
J'aimerais vous dire que je le sais, mais je l'ignore. Les plateformes et les algorithmes changent vite. Nous sommes noyés dans l'information et les contenus. On verra bien, mais je pense que nous continuerons à vivre de notre passion.

Entretien avec

Carine Célibert

Carine Célibert est une experte du monde animalier. À la fois journaliste animalière, conseillère auprès des marques et organisatrice d'événements, elle a aussi créé la première agence de communication spécialisée dans le monde des animaux.
Elle connaît parfaitement ces modes qui évoluent avec la société. Que ce soit pour les émissions de télévision pour lesquelles elle travaille, avec les marques qu'elle conseille ou pour les événements qu'elle organise, passionnée et engagée elle nous parle de son métier qui évolue constamment.

Gérald Ariano
Votre métier est difficilement qualifiable. Comment l'expliquer de manière simple ?

Carine Célibert
Effectivement, mes actions s'enrichissent d'une forte diversité dans le domaine des médias, du consulting, des relations publiques, de l'événementiel et des réseaux sociaux.
Je conjugue passion et métier depuis plusieurs années.
J'ai créé en 2011 la première agence de communication spécialisée dans les animaux. Cela n'existait pas. Sans le vouloir, j'ai répondu à un besoin, une demande des acteurs du marché. À l'époque, il fallait tout construire, partir d'une feuille blanche. Ce n'était pas évident, mais nous l'avons fait.
Aujourd'hui, le monde de la télé me sollicite pour collaborer sur de nombreuses émissions animalières (*C'est au programme* [France 2], *La Quotidienne* [France 5], *Télématin* [France 2], *En bonne compagnie* [France 3]...).
Les marques, les institutions, les start-ups font également appel à mes services pour les accompagner dans leur stratégie de communication, dans leur développement de visibilité surtout auprès du grand public. Depuis quelques années, je suis revenue à mes premières amours : l'événementiel. C'est vrai que je suis un peu «couteau suisse», mais c'est important d'être polyvalente dans mon métier.

G. A.

Votre métier doit s'adapter en fonction des modes. Quel est le secteur le plus réactif aux évolutions du milieu ?

C. C.

En première réflexion, je dirais les marques. Le marché de l'animal de compagnie est en hausse continue depuis plusieurs années. En tant que journaliste, je reçois quotidiennement de nombreux communiqués de presse sur les produits nouveaux (Petfood, produits high-tech…), les services. De nombreuses startups voient le jour. Les marques créent le besoin, dans un but consumériste, et ensuite, le reste de la société suit le mouvement. Elles répondent aussi aux besoins des consommateurs, à savoir les propriétaires de chiens ou de chats en allant à leur rencontre par le biais d'événements qu'elles organisent (souvent au profit d'associations). Les marques sponsorisent de plus en plus de programmes télé, et pas seulement animaliers.

G. A.

Comment expliquez-vous qu'il y ait moins d'émissions animalières à la télévision alors que le public classe la cause animale comme l'une de ses préoccupations principales ?

C. C.

Les animaux sont partout : dans la mode, la publicité, sur les réseaux sociaux, au cinéma… Et pourtant de moins en moins d'émissions animalières leur sont consacrées en dépit de certaines comme *Les Animaux de la 8* et *Animaux à adopter* sur C8 qui durent depuis des années avec une belle audience. Les chaînes ne prennent plus le risque de proposer des émissions, peut-être par manque de créativité (sauf C8 qui a cette entité, « la chaîne animaux »), par peur de l'audimat (*Note de l'auteur : à la suite d'une décision de l'ARCOM, la chaîne C8 a fermé son antenne en mars 2025*). On lance une émission le week-end, si l'audience ne suit pas, on la supprime, on ne laisse pas le temps à celle-ci de s'installer. C'est dommage ! Pareil, les chroniqueurs animaliers sont moins présents. En revanche, les documentaires animaliers (même s'ils sont très formatés) restent un produit télévisuel massivement consommé qui séduit un public très large. On les retrouve *via* des diffuseurs publics (France Télévisions, Arte), les chaînes spécialisées (Ushuaïa TV, Animaux TV, RMC Découverte) mais aussi sur des plateformes comme Netflix. Certes, les animaux ont peu d'émissions, néanmoins les diffuseurs ont bien compris l'engouement des Français pour la cause animale. Ainsi, les JT consacrent de plus en plus de reportages aux animaux de compagnie, sauvages ou de rente avec davantage d'informations pratiques, de sensibilisation.

G. A.
À l'inverse de la télévision, les événements *outdoor* pour les animaux de compagnie sont de plus en plus populaires. Comment expliquez-vous ce phénomène ?

C. C.
Le chien fait partie de la famille, on l'emmène en vacances, on le gâte, on dépense pour son bien-être… Selon l'enquête de l'I-CAD, sept possesseurs de chiens sur dix pratiquent une activité sportive avec leur compagnon. Les organisateurs d'événements animaliers ont compris qu'il fallait surfer sur cette tendance, et proposer des événements *outdoor* à partager en solo ou en famille avec son chien. Woofest est pionnier, « le parc d'attractions des chiens » s'impose comme l'événement sportif et familial canin incontournable où maîtres et chiens partagent des activités ludiques et sportives. Cela permet aussi de faire des rencontres entre humains et congénères. Les sports canins étant en forte croissance, cela incite aussi de nombreux industriels à se lancer dans ce commerce (alimentation, accessoires, etc.). Donc de potentiels exposants.

G. A.
À votre avis, Que recherchent les visiteurs en venant sur ces événements ?

C. C.
Courir, marcher, sauter dans la boue, faire du paddle, se dépasser, participer à des ateliers en duo, faire masser leur chien, les visiteurs recherchent avant tout des activités fun, sportives, à partager avec leur fidèle compagnon. L'endroit idéal pour faire des rencontres avec d'autres « dog-parents », pour acheter des accessoires insolites, mais aussi pour être conseillé.

G. A.
Pourquoi les villes sont-elles de plus en plus volontaires pour organiser ces événements sur leur territoire ?

C. C.
Il existe des villes en France plus accueillantes que d'autres, les villes « *pet friendly* » (Lille, Bordeaux, Montpellier, Nice, etc.) où il fait « bon vivre » pour les chiens et leurs propriétaires. Des villes qui intègrent les chiens dans le quotidien urbain. Elles souhaitent se différencier pour attirer l'attention des « dog-parents » ; cela passe par l'organisation d'événements animaliers le plus souvent *outdoor*, avec des activités ludiques et sportives, des stands d'informations, des conférences…

G. A.
Que pensez-vous des événements qui permettent l'achat d'animaux ?

C. C.
La loi 2021 visant à lutter contre la maltraitance animale et à conforter le lien entre les animaux et les hommes a apporté des changements significatifs quant au respect des animaux. La plupart des événements animaliers grand public ne proposent plus de chiots ou de chatons à l'achat (malheureusement, il existe encore des exceptions comme le « salon du chiot »). Les éleveurs sont présents pour sensibiliser davantage aux spécificités de chaque race plutôt que d'inciter à l'achat d'impulsion. Il en est de même pour les animaleries, la

plupart ayant arrêté la vente de chiots et de chatons. Néanmoins, la vente en ligne est la grande oubliée de cette loi ! Les animaux continuent à être vendus sur Internet, sur les réseaux sociaux *via* des professionnels et des particuliers.

G. A.
Que conseillez-vous à un jeune qui débute ?

C. C.
Déjà, il faut croire en ses rêves. Se donner les moyens d'y arriver. Quand on est passionné, la motivation et l'objectif sont plus vite atteints. Pour le vivre au quotidien, quand on se spécialise dans un secteur, il est plus facile d'être reconnu comme expert. En effet, j'ai plusieurs cordes à mon arc, mais dans un même univers... L'expert est avant tout un passionné. Il faut que le métier soit un plaisir. Il faut y consacrer du temps professionnel et personnel. On ne devient pas une référence incontournable en un jour. Il faut multiplier les rencontres, les actions sur le terrain, il faut voir et être vu, il faut s'engager...

Quelques animaux stars

De nombreux animaux se sont illustrés par leurs divers exploits ou aptitudes incroyables à travers l'histoire, à l'heure où les médias et les réseaux sociaux n'existaient pas encore. Faisons un petit tour d'horizon de ces héros à quatre pattes.

« Les animaux ont un mérite :
ils ne déçoivent jamais. »

Jean Rochefort

BALTO, LE CHIEN HÉROS

On dit que le chien est le meilleur ami de l'homme. L'histoire de Balto est là pour le prouver. En 1925, une terrible épidémie de diphtérie ravage la

population de la petite ville de Nome en Alaska (États-Unis), et principalement les enfants. La seule solution pour enrayer cette maladie est un sérum disponible dans la ville d'Anchorage, à plus de 1 800 km. Malheureusement, cet hiver-là, une terrible tempête traverse l'Alaska et les températures avoisinent les -40 °C. Avec des vents violents et une température aussi basse, impossible d'envoyer un avion pour rapporter le précieux antidote aux habitants. Heureusement, le vaccin a pu tout de même être acheminé jusqu'à la ville de Nenana, qui se trouvait encore à plus de 1 300 km de Nome. Pour aller chercher l'antidote, une expédition de chiens de traîneau fut alors montée en urgence. Une trentaine de mushers et une centaine de chiens partirent dans ce froid polaire pour tenter l'impossible. Dans un premier temps, c'est Togo, un chien husky de Sibérie, âgé de 12 ans, qui prit la tête du commando. Il emmena les attelages en traversant les plus hautes montagnes dans des conditions extrêmes. Au bout de 500 km, il laissa sa place à Balto, un autre husky sibérien issu cette fois-ci de croisements. C'est justement grâce à son pedigree que l'histoire ne retiendra que Balto. Ce chien, qui n'avait pas l'habitude de mener des meutes et surtout qui n'était pas de lignée pure, a donc étonné tous les mushers en relevant ce défi extraordinaire. Il emmena à bon port l'équipage et permit de rapporter le vaccin au village.

Aujourd'hui, cette histoire se raconte encore dans l'univers des mushers. Une statue est même érigée dans Central Park à New York City et tous les ans, une course commémorative est organisée en Alaska sur les traces de Balto et Togo. Mais ce n'est pas tout. En 2011, le magazine *Times* honore Balto du titre de « chien le plus héroïque de l'histoire » et un dessin animé, sorti en 1995, raconte son exploit.

Le corps de Balto est encore visible au musée de Cleveland (Ohio).

DUSTY, LE CHAT CLEPTOMANE

Arsène Lupin n'a qu'à bien se tenir. Il a trouvé son maître. Et ce dernier s'appelle Dusty. Que l'on appelle aussi le « chat cleptomane ».

Adopté par un couple d'Américains, Dusty avait pour habitude de rapporter des petits cadeaux à ses maîtres. Une souris, un petit oiseau, un lézard… Rien de bien anormal pour un chat. Mais l'histoire se gâte quand tout à coup, les cadeaux devinrent de plus en plus importants. Une chaussure, un gant, un masque de plongée, des clés… Pendant près de trois ans, « Klepto Kitty » déroba plus de six cents objets dans les maisons du quartier.

Les voisins n'ont jamais porté plainte, car de gros doutes planaient sur Dusty et pour retrouver leurs affaires, ils n'avaient qu'à aller sonner à la porte des propriétaires du chat.

Mais bien malin qui aurait pu prouver que le voleur et le chat ne formaient qu'un.

Alertée par cette histoire, l'émission de télévision *American Animal Planet* plaça des caméras infrarouges un peu partout dans le jardin. Et au bout de quinze jours, les images révélèrent la terrible vérité. C'était bien Dusty qui, le soir venu, s'infiltrait dans les maisons du quartier pour chaparder tous les objets qu'il trouvait à son goût.

Mais les propriétaires auraient dû se méfier en adoptant ce snowshoe. Cette race de chat est en effet connue pour son instinct de chasseur très développé.

C'est donc un voleur monté sur pattes de velours qui fut inculpé. Depuis lors, Dusty est connu comme le loup blanc et a même eu droit aux honneurs du *Late Show* avec David Letterman sur ABC.

« Les animaux, eux, ont une pureté que l'homme a définitivement perdue. »

Brigitte Bardot

HACHIKO, LE CHIEN LE PLUS FIDÈLE DU MONDE

On dit souvent que le chien est le meilleur ami de l'homme. L'histoire que je vais vous raconter le prouve encore. Nous sommes au Japon, en 1925.

Pendant quinze ans, chaque matin, un professeur se rendait à la gare pour prendre son train en direction de Tokyo, accompagné par son fidèle chien Hachikō. Et chaque soir, le chien revenait à la gare pour attendre son maître et faire ensemble le trajet retour vers la maison.

Mais le 21 mai 1925, le professeur ne rentra pas. Hachikō, qui comme chaque jour était à la gare, attendit vainement. Le lendemain, à nouveau, le chien se présenta à la gare espérant voir son maître sortir du train. Mais cette fois-ci encore, rien n'arriva. Pas de maître. Et pour cause, le professeur était mort la veille d'une attaque cérébrale en plein cours.

C'est ainsi que, chaque soir, le fidèle akita retournait à la gare en espérant revoir celui qu'il aimait tant. Mais rien, toujours rien. Cette loyauté dura presque dix ans.

Petit à petit, les employés de la gare ainsi que les voyageurs mais aussi les parents et les amis du professeur se prirent d'affection pour le chien et lui donnèrent à manger. L'histoire d'Hachikō commença à se faire connaître dans la région et arriva jusqu'aux oreilles d'un des étudiants du professeur, passionné par la race akita.

Un jour, il se rendit à la fameuse gare dans l'espoir de tomber sur le chien. Et bien sûr, il le trouva à 15 heures, à la même place. Il décida de faire un article sur la fidélité de ce chien. Son histoire toucha tellement le pays qu'Hachikō devint un véritable héros, symbole de la loyauté absolue d'un chien envers son maître. Devant l'émoi que souleva cette histoire au Japon, une statue d'Hachikō et de son maître fut érigée devant la gare.

Mais le 9 mars 1933, âgé de 11 ans, Hachikō fut retrouvé mort de vieillesse, devant celle-ci, juste au pied de son maître. Cette disparition ajouta bien sûr encore plus d'émotions à cette histoire. Pour réunir le maître et le chien, il fut décidé qu'Hachikō serait enterré au même endroit que le professeur, au cimetière d'Aoyama à Tokyo.

Aujourd'hui, une autre statue en bronze a été créée et posée à l'endroit exact où le chien attendait son maître. La fourrure de l'akita fut conservée et exposée au Musée national de la nature et des sciences à Ueno, Tokyo. De nombreux films ont également mis en scène cette histoire, qui reste très certainement la plus belle histoire d'amour d'un chien pour son maître.

LAÏKA, LA PREMIÈRE CHIENNE DANS L'ESPACE

Tout le monde a entendu parler de Laïka, la première chienne à voyager dans l'espace.

Mais connaissez-vous vraiment son histoire ? Celle-ci débute avec le lancement de *Spoutnik 2* par l'URSS.

Le 4 octobre 1957, les Russes envoient leur premier satellite (*Spoutnik 1*) dans l'espace, et c'est un succès total. Fort de cette expérience, ils décident de réitérer l'aventure, mais cette fois-ci en expédiant pour la première fois dans le cosmos un être vivant. C'est ce qui va se passer le 3 novembre 1957. Pour gagner cette course contre les Américains, Nikita Khrouchtchev, qui était alors premier secrétaire du Parti communiste de l'Union soviétique, ordonna la construction en urgence de *Spoutnik 2* et fixa la date de lancement au 3 novembre, seulement un mois après le premier lancement.

Malheureusement, cette précipitation signa l'arrêt de mort de Laïka, car dès le début de la construction du satellite, les Russes savaient qu'ils ne pourraient pas récupérer vivante la jeune chienne de 3 ans.

L'histoire de Laïka est touchante. C'est dans les rues de Moscou qu'elle fut trouvée quelques semaines plus tôt. C'est grâce (ou à cause) de sa docilité, de son calme et aussi parce que c'était une femelle qui ne devait pas lever la patte pour uriner (ce qui permet de gagner de la place dans l'habitacle) qu'elle fut sélectionnée pour ce premier vol spatial habité.

Adilia Kotovskaïa, une des biologistes russes qui travaillaient sur ce programme, témoigna bien des années plus tard que le jour du lancement, elle demanda pardon à la jeune chienne en la caressant un long moment. Adilia savait que ce voyage serait sans retour pour Laïka qui, en faisant neuf fois le tour de la Terre, permit à la science de progresser.

Malheureusement, le vol ne se passa pas comme prévu. Lors du décollage, le rythme cardiaque de la jeune chienne s'emballa fortement. Il fallut attendre presque trois heures pour le voir revenir à la normale. On imagine facilement l'angoisse qu'a dû vivre cette chienne en entendant le vacarme du lancement autour d'elle. Mais ce n'est pas tout. Au bout de neuf rotations terrestres, la température de la cabine augmenta fortement, faute de protection contre les rayons solaires. Laïka, qui aurait dû survivre entre huit et dix jours, mourut de déshydratation à cause de la chaleur qui dépassa les 40 °C.

Le saviez-vous ?

Laïka n'est pas vraiment la première chienne à voler au-dessus de la Terre.

Des chiens, entraînés comme les astronautes, ont volé à des altitudes suborbitales pendant quelques minutes bien avant Laïka. Si ces tests ont permis à l'époque de vérifier la possibilité d'envoyer des êtres vivants en haute altitude, Laïka, elle, a validé la possibilité d'imaginer des vols spatiaux habités. La conquête de l'espace pouvait commencer.

QUELS SONT LES AUTRES ANIMAUX À AVOIR VOLÉ DANS L'ESPACE ?

Il y en a beaucoup.

Les premières sont des mouches en 1947. Elles volèrent à une altitude de 100 km dans une fusée lancée par les Américains.

Ce fut ensuite un singe macaque en 1948. Il fut le premier animal à être placé en apesanteur.

En 1960, les Russes envoient un lapin, deux chiennes, deux rats et des mouches dans un premier vol orbital.

Puis ce fut le tour de Laïka en 1957.

En 1961, deux chimpanzés furent mis en orbite complète par les États-Unis… et l'aventure des animaux spatiaux continue de nos jours encore. Les scientifiques se servent d'eux pour des tests spatiaux et font ainsi avancer nos connaissances et la recherche.

RINTINTIN, LE CHIEN LE PLUS CÉLÈBRE DU CINÉMA ÉTAIT FRANÇAIS

Tout commence du côté de Verdun, alors que la guerre 14-18 fait rage. Le caporal Lee Duncan découvre en 1918 une portée de jeunes chiots abandonnés dans les ruines encore fumantes du côté de Bar-le-Duc. Il en garde deux pour lui dont Rintintin, un magnifique berger allemand.

De retour aux États-Unis, le jeune caporal fait passer des tests d'agilité à son chien. C'est à ce moment-là qu'un producteur de cinéma découvre l'extraordinaire potentiel de ce chien et l'engage pour incarner la série. Il y eut en tout cent vingt-cinq épisodes de vingt-cinq minutes qui firent du chien une véritable star internationale.

À sa mort en 1932, Rintintin, un temps enterré dans le jardin du caporal, fut rapatrié en France et sa sépulture est toujours visible au cimetière des animaux d'Asnières-sur-Seine en banlieue parisienne. Une étoile sur Hollywood Boulevard célèbre aussi le souvenir de ce chien star des plateaux de cinéma.

HANAKO, LA PLUS VIEILLE CARPE KOÏ DU MONDE

On raconte que ce poisson rouge, qui est mort au Japon en 1977 serait né en 1751.

C'est le Pr Komei Koshihara qui, en participant à une émission de radio en 1966, révèle être l'heureux propriétaire de ce poisson, âgé selon lui, de plus de 200 ans. Il explique que pour connaître son âge, il a prélevé deux écailles et, comme pour les arbres, qu'il a patiemment compté les nervures présentes sur chacune d'elles.

Les carpes koï sont connues en Asie pour vivre très longtemps. L'une des raisons à cette extraordinaire longévité serait due aux eaux propres dans lesquelles elles vivent, mais surtout aux hivers longs et froids, période pendant laquelle leur métabolisme ralentit, plongeant nos poissons en « semi-hibernation ». Durant ces mois hivernaux, les carpes nagent peu et se nourrissent modérément, ce qui leur permet de s'économiser et donc, de vivre plus longtemps.

S'il est vrai que ces animaux ont une espérance de vie plus élevée qu'un poisson classique, il y eut quand même un doute sur l'âge réel d'Hanako à sa mort. Certes, l'histoire est belle, mais est-elle vraie ? *Carpe diem !*

Chapitre IV

La faune sauvage

La protection de la faune sauvage

Il était absolument impossible de parler des animaux sans évoquer les animaux sauvages tant ils sont liés aux deux autres catégories (animaux de compagnie et animaux domestiques). La faune sauvage est en constante régression depuis de nombreuses années. Une perte de la biodiversité importante causée par l'homme essentiellement. Pourtant, ces animaux sont indispensables au bon équilibre de nos écosystèmes, et donc, à notre survie.

D'un point de vue scientifique, la faune sauvage peut lutter efficacement contre le réchauffement climatique. L'animal sauvage régule nos campagnes et nos mers. Ils sont la source de la pollinisation, de la dispersion des graines et de la régénération des sols entre autres, favorisant ainsi le développement de nos forêts, qui sont les poumons verts de notre planète.

La faune sauvage a également un impact sur la santé publique. En gardant nos écosystèmes équilibrés, nous évitons la propagation des maladies.

Par exemple, lorsque les prédateurs chassent les rongeurs porteurs de certaines maladies, ils en limitent la propagation.

Les chauves-souris qui se nourrissent de moustiques limitent quant à elles la propagation du paludisme et de la dengue. Il en est de même avec les vautours. En consommant les carcasses des animaux morts, ces charognards évitent la diffusion de la rage dans l'environnement. On voit bien par ces quelques exemples l'importance de garder nos écosystèmes vivants. Encore une fois, l'homme et l'animal vivent ensemble sur une seule et même planète. L'un ne va pas sans l'autre. Nous devons cohabiter, car il n'y a pas de planète B.

Grâce à la faune sauvage, la vie poursuit son cycle, permettant à l'homme de survivre. Ne pas comprendre cela est signer l'arrêt de mort de l'espèce humaine.

LES OISEAUX SAUVAGES SONT-ILS UNE ESPÈCE EN VOIE DE DISPARITION ?

Le macareux moine est le symbole de la LPO depuis plus de cent ans, et compte encore aujourd'hui parmi les espèces en danger critique sur le territoire français.

Le sujet est suffisamment inquiétant pour s'y attarder quelques instants.

En 2023, le CNRS et l'université de Montpellier ont publié une étude prouvant qu'en quarante ans, 25 % des oiseaux sauvages d'Europe ont totalement disparu de notre continent (étude parue dans « Proceedings of the National Academy of Sciences », https://www.cnrs.fr/fr/presse/lintensification-de-lagriculture-est-lorigine-de-la-disparition-des-oiseaux-en-europe).

Et si l'on remonte encore plus loin, depuis 1980, ce sont plus de 800 millions d'oiseaux qui seraient totalement rayés de la carte européenne, dont 75 % rien que pour les oiseaux agricoles.

Petite lueur d'espoir tout de même pour les scientifiques, qui annoncent que les milieux urbains ont, quant à eux, vu augmenter leur population d'oiseaux de 9 %.

Alors, qui est responsable de ce « génocide animalier » ?

L'une des raisons évoquées serait notre agriculture intensive. L'utilisation des engrais et des pesticides dans nos cultures décimerait les populations d'oiseaux. Mais le réchauffement climatique serait également responsable de cette hécatombe animalière.

Ce déclin (comme tant d'autres) est un signal important à prendre en compte rapidement. Les oiseaux sont impliqués à tous les niveaux dans notre écosystème. Prédation, régulation des espèces, dissémination des graines, etc. Les volatiles ont un rôle majeur dans notre vie sur terre.

Les scientifiques dressent également la liste des actions à mettre rapidement en place pour sauver ce qui peut encore l'être. Réduction drastique des pesticides et engrais. Produire local et de saison. Arrêter de vouloir à tout prix manger des framboises en hiver ou des kakis en été.

Si chacun de nous pouvait faire sa part, comme l'histoire du colibri, cela permettrait de résoudre bien des problèmes.

L'ARAIGNÉE NOIRE DE DARWIN

Cette araignée pratique avec doigté le cunnilingus.

Quelques animaux sur terre ont la très mauvaise réputation de manger leurs partenaires sexuels après l'acte. Il y a la mante religieuse et depuis 2009, on vient de le découvrir, l'araignée de Darwin.

Lorsque la femelle arachnide se délecte du mâle après l'accouplement, cela lui procure une source d'énergie bienvenue avant la gestation et la ponte. Il faut dire que ça crève ces choses-là !

Sauf que les mâles araignées de Darwin n'ont pas forcément envie de se faire dévorer juste après avoir comblé madame. Et pour y arriver, ces animaux ont mis en place une technique étonnante. Sustenter la dame grâce à un savant cunnilingus.

En accrochant leurs crocs d'araignée sur les parties génitales de la femelle (l'épigyne), les mâles sécrètent une dose abondante d'une sorte de bave, qui ressemble à des sucs digestifs. Cette lubrification relaxe la femelle et la rend moins propice à dévorer son ami juste après l'acte charnel. Résultat des courses, le cuni est à l'araignée ce que la crème pâtissière est au chou. Un délice !

Le saviez-vous ?

Le WWF publie tous les deux ans son Indice planète vivante. Selon son dernier rapport qui date de 2022, 50 % de la faune sauvage a disparu de la surface de la Terre. Cet indice est en recul de 69 % entre 1970 et 2018.

En 2020, il était de 68 %, et en 2018 de 60 %. La tendance est donc à l'augmentation.

La cause de cette extinction ? L'homme bien sûr et l'activité que nous produisons. Surexploitation des sols, braconnage, surpêche, pollution de l'air et de la terre, les sources sont nombreuses. Ce rapport est encore une fois une alerte rouge qui devrait tous nous effrayer.

Comment s'engager en faveur de la faune sauvage ?

Depuis quelques années, la notion de réensauvagement est apparue dans notre champ lexical.

Permettre à la nature de reprendre ses droits. Favoriser la biodiversité et créer des écosystèmes plus résilients. Restaurer des habitats naturels et réintroduire des espèces animales clés dans la nature, voilà le combat de Patrice et Alena Longour.

Installés depuis de nombreuses années dans l'arrière-pays grassois, ils sont les fondateurs de la réserve de biodiversité des monts d'Azur. L'idée est de faire se côtoyer sur plus de 700 hectares plusieurs centaines d'espèces animales de tous ordres. La réserve se visite et c'est également un centre de recherche sur la faune sauvage. Elle accueille chaque année des étudiants et des enseignants-chercheurs qui étudient la dynamique des milieux naturels ou le comportement de la guilde d'herbivores européens réunis pour la première fois depuis 15 000 ans.

J'ai rencontré Patrice Longour à l'occasion d'un de mes tournages. Nos échanges sur le monde sauvage furent passionnants et donnent à réfléchir sur notre place sur terre.

Entretien avec

Patrice Longour

VÉTÉRINAIRE ET FONDATEUR DE LA RÉSERVE DES MONTS D'AZUR

Gérald Ariano
Pour commencer, quelle est votre définition du monde sauvage ?

Patrice Longour
Peut-être l'ensemble du règne vivant (animal et végétal) qui n'a pas été domestiqué par l'homme. Mais pour moi, le monde sauvage c'est plutôt l'ensemble des interrelations qui lie le monde animal à ses milieux, qu'ils soient végétaux ou minéraux.

G. A.
Comment le sauvage peut-il nous être utile aujourd'hui ?

P. L.
Si vous regardez ce qui se passe dans le monde, le rapport à l'animal sauvage est différent selon les civilisations. Le premier usage que l'humanité a fait de l'animal sauvage, c'est de se nourrir avec. Et si, pendant des dizaines de milliers d'années, il n'y avait pas eu le monde sauvage, nous n'existerions pas. Car c'est ce monde sauvage qui nous a nourris.
Puis la domestication est arrivée. L'homme s'est rendu compte que nous pouvions faire autre chose que de manger les animaux. Ils pouvaient nous accompagner ou nous servir.
D'ailleurs, le premier animal sauvage qui a été domestiqué est probablement le loup, il y a 30 000 ans. Si le loup a été domestiqué, bien avant le cheval, c'est que nous avions avec cet animal un rapport très proche. Le loup devait probablement suivre les hommes pour finir les restes et les hommes suivre les loups pour trouver des proies.
Tous les grands cycles de la vie sur terre (eau, air, sol, végétal…) commencent dans le milieu sauvage. Ce n'est pas l'eau des villes que vous buvez. L'eau que vous consommez est d'abord tombée sur les montagnes, les plaines, les forêts pour s'infiltrer ensuite dans les sols pour finalement arriver en ville. Pour l'air, c'est la même chose. C'est dans les espaces naturels qu'il retrouve ses qualités et se décharge de ses polluants. Ce n'est pas en ville…
En fait, tous les grands cycles de la vie se passent dans les milieux sauvages qui nous entourent.
Nous sommes donc totalement dépendants de ces biotopes que nous appelons « sauvages ». Nous avons du mal à le reconnaître mais préserver le sauvage est indispensable pour éviter le naufrage de l'espèce humaine.

G. A.
Si je comprends bien, notre futur dépend en partie de la place que nous redonnons au monde sauvage ?

P. L.
Exactement. En décembre 2022, l'ONU ne s'est pas trompée en proposant de protéger 30 % du monde sauvage (maritime ou terrestre) d'ici 2030. C'est une vraie avancée qui reconnaît enfin et de manière officielle l'importance de ces territoires sauvages.
Nous en avons besoin pour boire, pour respirer mais aussi pour nous soigner (70 % de nos médicaments

proviennent de plantes ou de champignons...), pour se nourrir (40 % de nos cultures sont pollinisées par des insectes !) ou plus simplement pour se détendre (randonnées, sports de plein air...). Notre futur se construit dans ces territoires sauvages.

Il faut aussi comprendre que ce sont les animaux sauvages qui dynamisent nos écosystèmes et en font la richesse et la diversité. Ils y sont inféodés et leurs comportements sociaux, alimentaires, sont parfaitement adaptés à la diversité des milieux.

Par exemple, un herbivore sauvage saura se nourrir de pratiquement toutes les espèces végétales présentes, y compris de celles qui sont peu appétentes. Contrairement aux espèces domestiques qui ont appris « le bon du mauvais » et qui délaisseront une grande partie de la ressource végétale. C'est la raison pour laquelle je ne suis pas du tout convaincu de l'intérêt de faire pâturer nos animaux domestiques dans nos forêts.

G. A.

Pourtant, il me semble que l'agropastoralisme fonctionne très bien.

P. L.

Le mouton est un animal domestiqué. Dans le milieu sauvage, il ne va consommer que 20 à 30 % des végétaux à disposition et en plus il consommera toujours les mêmes plantes, celles que la domestication lui a appris à consommer.

Tandis que l'animal sauvage, lui, va utiliser pratiquement l'ensemble de la végétation à sa disposition. Vous voyez bien la différence.

Sans vouloir faire de polémique, j'avais en 1993 attiré l'attention du préfet du Var, à la suite des grands feux de forêt, sur la difficulté de faire « entretenir » les milieux forestiers par des troupeaux domestiques. Je pense que la domestication a changé le comportement alimentaire des herbivores qui font en milieu naturel beaucoup de refus (c'est-à-dire refus de consommer les plantes très riches en lignine par exemple). Ces zones de refus finissent par s'étendre de façon importante et deviennent alors favorables pour les feux.

Il serait sans doute très intéressant d'étudier sur ces mêmes milieux l'impact des grands herbivores sauvages. Et de mesurer les zones de refus qui seront beaucoup moins étendues.

G. A.

Je comprends bien comment les grandes structures, peuvent réintroduire le sauvage. Mais comment nous, qui n'avons pas à disposition ces grandes étendues, pouvons-nous participer à cette prise de conscience ?

P. L.

L'important, c'est de bien comprendre l'intérêt de laisser vivre et se développer la nature. Si vous avez la chance d'avoir un bout de jardin, un lopin de terre ou même un balcon, il faut absolument renoncer aux insecticides et produits phytosanitaires systémiques (ivermectines, glyphosate).

Plus de 60 % des insectes ont disparu. Et on oublie qu'ils sont essentiels au fonctionnement du vivant en permettant la pollinisation de nos plantes, en participant à la dégradation des végétaux et des animaux morts. Ils sont

aussi une source alimentaire parmi les plus importantes pour les oiseaux et beaucoup de petits mammifères. Bref, ils sont indispensables aux grands cycles de la vie.
Laissons-leur de la place. Et les jardins en sont une de choix. Un tas de caillou ici, une motte de terre là, une pelouse peu entretenue... sont autant d'habitats pour ces populations de petites bestioles.
Pensons aussi à composter nos déchets végétaux pour fabriquer un engrais 100 % naturel, très efficace dans nos jardins.

« On reconnaît le degré de civilisation d'un peuple à la manière dont il traite ses animaux. »

Gandhi

G. A.
Mais comment être sûr que le réensauvagement fonctionne ? Avez-vous un exemple concret que vous avez pu observer dans votre réserve ?

P. L.
Regardez autour de vous. Que voyez-vous ? (*Note de l'auteur : je réalise cette interview aux monts d'Azur, immense réserve biologique dans l'arrière-pays grassois.*) Des forêts denses et vertes. Des pelouses naturelles qui offrent une couverture végétale importante. Elles permettent d'éviter le ruissellement des eaux de pluie.
Dans la réserve, les microbes ont repris leur travail. Ils participent aux dégradations de la matière organique et à l'enrichissement des sols.
Sols auxquels il faut prêter une attention particulière car nous perdons chaque année beaucoup de terres agricoles, environ 60 000 hectares selon les spécialistes.
Dans les Alpes-Maritimes, 17 % des sols ne sont plus en état de produire.
Il faut donc ramener de la vie dans nos sols en encourageant les processus naturels, pour laisser s'installer une microfaune et une microflore, véritables moteurs de la dynamique des sols. C'est ce que vous voyez autour de vous dans cette réserve.

G. A.
Comment s'engager sur la voie de la sauvegarde du sauvage ?

P. L.
Pour moi, il est absolument indispensable de se former dans les écoles mais aussi sur le terrain. On a perdu nos botanistes, nos entomologistes, nos zoologistes. C'est très inquiétant. Il faut que l'on forme à nouveau ces spécialistes, seuls capables d'identifier les populations du monde sauvage animal et végétal.
Il faut se donner de vrais moyens pour gérer ces milieux sauvages dont l'importance est maintenant reconnue par la communauté internationale (l'accord de Montréal en 2022) et construire des passerelles milieu sauvage, milieu domestique.

G. A.

Selon vous, à quel moment le monde moderne a perdu l'amour de ce monde sauvage ?

P. L.

D'abord, je dois dire que cette perte d'amour et de connaissance du monde sauvage n'est pas la même selon les continents. Par exemple, en Afrique noire, certaines populations autochtones, comme les Masaïs, les Bushmen et d'autres ont un rapport au sauvage très différent. Ils le respectent et acceptent de partager leurs territoires avec lui.
En Occident, cette relation s'est distendue depuis 6 000 à 7 000 ans, sans doute en raison de la domestication et de la sédentarisation.
Nous avons oublié d'où nous venions. Avec cependant des différences entre les pays. Pourquoi l'Espagne et l'Italie, dont nous partageons la culture latine, acceptent-elles l'ours et le loup alors que la France les refuse encore en 2024 ?

G. A.

Que pouvez-vous dire à ces paysans qui voient leurs troupeaux attaqués par le loup par exemple ? Ne trouvez-vous pas normale qu'ils redoutent le monde sauvage ?

P. L.

Arrêtons les polémiques stériles.
Il y a de la place pour tout le monde, si tous, nous connaissons nos limites. Laissons les brebis dans les territoires agricoles et réfléchissons ensemble à comment valoriser les territoires sauvages.
Mais pour réussir, nous devons en comprendre le fonctionnement, en évaluer la richesse et reconnaître notre dépendance à ceux-ci.
La question est simple : la faune sauvage est-elle mieux adaptée aux milieux sauvages que les animaux domestiques ? La réponse scientifique est oui !
Alors, réfléchissons ensemble à une gestion raisonnée de ces milieux.

G. A.

Qu'est-ce qui explique que l'homme occidental ait encore du mal à aller vers le sauvage ?

P. L.

C'est une séparation philosophique qui a eu lieu sous le siècle des Lumières. En gros, c'est à ce moment que la civilisation pensait être au-dessus de tout. L'homme devait absolument maîtriser la nature et tout domestiquer, être le maître surtout en France.
Prends Louis XIV. Qu'a-t-il fait ? Il a fait construire Versailles sur un marais putride. Des milliers de personnes sont mortes juste pour le désir d'un roi qui voulait montrer sa puissance et sa volonté d'asservir la nature.
Et que dire des jardins de Le Nôtre.
Ce rapport de supériorité de l'homme sur la nature qui a explosé au XIXe siècle avec l'industrialisation, nous le subissons encore aujourd'hui parce qu'en fait l'homme sait extraire, transporter et transformer la matière, mais il ne sait toujours pas la créer et reste beaucoup plus qu'il ne veut l'admettre dépendant de la Nature avec un grand N.

G. A.

Mais existe-t-il une économie du sauvage ?

P. L.

Non, pas pour le moment. Et pourtant c'est une réflexion nécessaire.

La clinique Faune Alfort, une clinique pour la faune sauvage

Tout comme les animaux de compagnie, la faune sauvage a sa propre clinique. Elle s'appelle Faune Alfort et se trouve en région parisienne. Ce centre de soin a pour mission de recueillir et soigner tous les animaux de la faune sauvage. Trois cents personnes se relaient toute l'année pour permettre à ces animaux de rapidement retrouver leur liberté. De la chouette hulotte au sanglier en passant par la pie ou le castor, tous les animaux sauvages peuvent bénéficier des meilleurs soins.
Le CHUV forme aussi de nombreux bénévoles et étudiants aux soins de la vie sauvage.

Comment générer des revenus pour ceux qui sont propriétaires d'espaces non artificialisés : agriculteurs, forestiers...
Quels mécanismes économiques mettre en œuvre pour que ces propriétaires aient plus d'intérêt à conserver ces espaces sauvages plutôt qu'à les artificialiser ?
Comment garantir enfin le bien-être des populations urbaines, si ce n'est en considérant qu'elles dépendent elles aussi du bon état des écosystèmes sauvages pour leur fournir l'eau, l'air, les sols et tous les services écologiques dont elles ont besoin ?
C'est ce que nous essayons de faire dans la réserve. Entretenir le bon état des écosystèmes présents.

G. A.
Avez-vous confiance en l'avenir ?

P. L.
Oui, si l'humanité se reconnecte au monde sauvage et si les scientifiques s'attachent à en comprendre la diversité et la complexité. S'ils mettent en évidence notre dépendance à ces milieux et tout l'intérêt que nous avons à les préserver.
J'ajouterais qu'il reste du boulot, que l'urgence est telle que nous devons nous bouger avant que l'on bascule dans l'irréversible !
La société civile doit s'emparer de cette question et multiplier les actions qu'un petit nombre initie çà et là.

L'histoire du colibri

Un jour, dit la légende, il y eut un immense incendie de forêt. Tous les animaux terrifiés, atterrés, observaient impuissants le désastre. Seul le petit colibri s'activait, allant chercher quelques gouttes avec son bec pour les jeter sur le feu. Après un moment, le tatou, agacé par cette agitation dérisoire, lui dit : « Colibri ! Tu n'es pas fou ? Ce n'est pas avec ces gouttes d'eau que tu vas éteindre le feu ! »

Et le colibri lui répondit : « Je le sais, mais je fais ma part. »

Pierre Rabhi (1938-2021)

À PROPOS D'ANIMAUX SAUVAGES, CONNAISSEZ-VOUS LA TRISTE HISTOIRE DE PEANUT, L'ÉCUREUIL STAR DES RÉSEAUX SOCIAUX, EUTHANASIÉ PAR L'ÉTAT AMÉRICAIN ?

En 2024, en pleine élection américaine, Peanut, le petit écureuil, défraie la chronique. Il y a plusieurs années, Mark Longo recueille un petit écureuil qui vient tout juste de perdre sa mère, écrasée par une voiture. Très vite, une grande complicité unit l'animal et l'Américain. Mark décide alors de lancer un compte sur les réseaux sociaux, et très rapidement enregistre des milliers de fans. Sur des dizaines de vidéos, on pouvait suivre le quotidien de ce duo hors norme et on s'amusait à suivre leurs aventures.

Peanut qui mange sa cacahouète devant la télévision. Peanut qui saute des rideaux de l'entrée au cou de Mark lorsque ce dernier rentrait du travail. Peanut et Mark qui prennent leur petit déjeuner dans leur cuisine américaine tel un petit couple d'amoureux…

Il y avait entre ces deux-là une connivence non feinte qui faisait du bien à voir.

Mark avait même installé une pièce entièrement dédiée au bien-être de Peanut en construisant un parcours à mi-hauteur et de quoi s'isoler.

Mais à l'automne 2024, la vie de Peanut et Mark bascule.

À la suite de nombreuses plaintes du voisinage pour détention illégale d'animaux sauvages et suspicion de transmission de la rage, les services vétérinaires de l'État de New York se sont rendus chez Mark Longo fin octobre pour récupérer Peanut (et un raton laveur qu'il avait également recueilli chez lui) pour les euthanasier. Les autorités ont justifié leur décision en prétextant une morsure de Peanut sur un agent du service vétérinaire, ce que le propriétaire a toujours contesté.

En larmes, sur les réseaux sociaux, Mark Longo a donné sa version des faits en expliquant ne pas comprendre la décision rapide, injuste et sans fondement des services vétérinaires.

Mark porte plainte devant la justice pour demander réparation de ce qu'il appelle une erreur de l'État et demande à ses fans de l'aider à financer sa bataille juridique, ainsi que le P'Nuts Freedom Farm Animal Sanctuary, le refuge pour animaux qu'il a créé.

Il n'en fallait pas plus pour que les soutiens de Donald Trump, en pleine course à la Maison Blanche, ne s'emparent du phénomène. Notamment Elon Musk, fervent défenseur du candidat républicain. Le milliardaire s'est aussitôt exprimé sur son réseau social X en expliquant que l'État de New York, dirigé par les démocrates, était trop intrusif et qu'il était grand temps de changer de direction.

« Le gouvernement ne devrait pas avoir le droit de débarquer dans votre maison et de tuer votre animal ! C'est dégueulasse. Même s'il est illégal d'avoir un écureuil comme animal de compagnie (ce qui ne devrait pas être le cas), pourquoi avoir tué Peanut au lieu de l'avoir simplement libéré dans une forêt !? » (Elon Musk sur X, le 3 novembre 2024.)

Musk n'est pas le seul à avoir réagi à cette affaire. Les membres du Congrès républicains y sont également allés de leur message sur leur compte X, en appelant à la « Justice pour Peanut » le 2 novembre 2024.

Évidemment, tout cela est de la récupération politique d'une sordide histoire animalière.

Reste la triste réalité. Un écureuil et un raton laveur euthanasiés pour rien, même s'il est vrai qu'aux États-Unis, comme en France, détenir un animal sauvage est réglementé, et qu'en l'espèce, tout n'était pas totalement en règle. Mais nous parlons d'un écureuil et d'un raton laveur. Pas de bêtes sauvages ultradangereuses. Il aurait peut-être fallu prendre le temps de la réflexion avant d'euthanasier ces pauvres animaux aussi vite, d'autant que la suite a prouvé que ni Peanut ni le raton laveur n'avaient la rage.

CONCLUSION

« Tant que les hommes massacreront les animaux, ils s'entre-tueront. Celui qui sème le meurtre et la douleur ne peut récolter la joie et l'amour. »

Confucius

Comme nous l'avons vu ensemble, l'engagement dans la cause animale prend plusieurs visages. Il n'y a pas de hiérarchie à faire dans la recherche du bien-être de nos animaux.

J'aime beaucoup la légende du petit colibri qui prend sa part, pour lutter contre un immense incendie. Si chacun de nous pouvait s'impliquer régulièrement à offrir au monde animal la vie qu'il mérite, alors nous aurons fait un grand pas. L'homme et l'animal sont liés par un pacte de solidarité. Il semblerait que notre espèce ait quelque peu oublié les clauses de ce contrat. La vie sur terre ne tient que par la présence des animaux. Ils nous sont indispensables pour vivre, l'inverse, en revanche, n'est pas vrai.

Comme je souhaite terminer ce livre sur un message positif, il me semble important de dire que si beaucoup de choses restent à faire, il y a, un peu partout, sur notre territoire, des hommes et des femmes qui s'engagent quotidiennement pour le maintien de la bonne condition de vie animale. À vous maintenant de choisir votre combat. Quel sera votre engagement ?

Comme le disait Gandhi, « on reconnaît le degré de civilisation d'un peuple à la manière dont il traite ses animaux ». N'oublions jamais ce précepte.

Pour terminer, je souhaite remercier vivement les différents intervenants qui m'ont donné un peu de leur temps pour répondre à mes questions. Merci à Carine Célibert, Christine Hiss, Yoann Latouche, Alan Braichet, Cyrill Poncet, Hélène Gateau et Patrice Longour. Merci pour ces moments d'échanges. Vous êtes des modèles pour nous tous. J'espère que votre engagement et vos valeurs seront suivis par de nombreux Français.

Cela fait plusieurs années que je croise dans mes émissions de télévision des professionnels du monde animal. Chaque fois que je rencontre ces spécialistes, je suis passionné par leur vie, admiratif de leurs connaissances et reconnaissant de leur amour envers les animaux. Elles et ils ont toutes et tous en commun le bien-être animal. Qu'ils aient appris leur métier sur les bancs de l'école ou sur le tard, cette ligne de conduite a forgé leurs convictions au fil de leurs années de pratique.

Les rencontrer et discuter avec eux m'a permis de me sensibiliser encore un peu plus au monde animal. Aimer les animaux, ce n'est pas juste penser à les nourrir et à les câliner. Aimer les animaux, c'est en comprendre leurs génétiques, leurs spécificités, leurs modes de vie. Je suis loin d'avoir tout saisi de ce monde. J'ai encore besoin de passer beaucoup de temps avec ces sachants dont je ne me lasserai jamais de croiser le chemin.

Je vous propose à votre tour de faire la connaissance de certains d'entre eux.

On m'a souvent demandé : « Pourquoi eux ? » Ce à quoi je réponds tout naturellement : « Et pourquoi pas eux ! » Ce sont des professionnels, tous reconnus dans leur domaine. J'aurais pu faire dix, vingt, trente interviews… Il fallait faire un choix. J'ai choisi ces personnalités, car elles m'ont toutes inspiré, à un moment ou à un autre.

REMERCIEMENTS

Pour commencer, un immense merci à vous de me lire. J'espère que ce livre vous donnera l'envie de vous engager sur la voie du bien-être animal et vous aidera dans votre quotidien avec vos animaux de compagnie.

Un grand merci à toutes les personnalités qui se sont prêtées au jeu de l'interview écrite.

À Didier Vitrac qui a été le premier à me convaincre de reprendre la plume et à Laëtitia Barlerin qui m'a fait l'immense plaisir de préfacer ce livre.

À Guy Trédaniel, mon éditeur, qui m'a fait confiance en me donnant les moyens de publier cet ouvrage, et à Marie Pichon, ma responsable éditoriale, et Matthias son assistant, qui ont su m'accompagner dans ce projet en trouvant les mots justes et parfaits.

À Christophe Sommet et Vincent Legoff qui me permettent sur Ushuaïa TV (TF1) de faire des émissions porteuses de sens.

Et puis, merci aux animaux, à tous les animaux... Plus je suis à leurs côtés, plus je les respecte et les aime.

TABLE DES MATIÈRES

COPYRIGHTS

P.15 : © Oleksandr Lytvynenko / Shutterstock
P.16 : © Martyna Winek / Shutterstock
P.17 : © Happy monkey / Shutterstock
P.19 : © Laksika555 / Shutterstock
P.20 : © Mrs. Nuch sribuanoy / Shutterstock
P.21 : © Mircea Costina / Shutterstock
P.23 : © Tatiana Diuvbanova / Shutterstock
P.25 : © Alain Braichet
P.34, 94, 150 : © Gérald Ariano
P.37 : © GoodFocused / Shutterstock
P.39, 40, 45 : © CHV de Frégis
P.45 : © Olha Solodenko / Shutterstock
P.48 : © Nelson Antoine / Shutterstock
P.51 : © D. Strano
P.56 : © Christine Hiss
P.58 : © Andy Savchenko / Shutterstock
P.60 : © 9dream studio / Shutterstock
P.61 : © hedgehog94 / Shutterstock
P.64 : © Mega Pixel / Shutterstock
P.67 : © anjajuli / Shutterstock
P.69 : © Adwo / Shutterstock
P.70 : © godongphoto / Shutterstock
P.71 : © expatpostcard / Shutterstock
P.73 : © unoL / Shutterstock
P.77 : © JyCando / Shutterstock
P.81 : © Aleksandr Khmeliov / Shutterstock
P.82 : © Mouse family / Shutterstock
P.84 : © ryo96c / Shutterstock
P.85 : © Nynke van Holten / Shutterstock
P.86 : © Le Dang Nhut Minh / Shutterstock
P.88 : © Svetlana Rey / Shutterstock
P.90 : © MDavidova / Shutterstock
P.92 : © Stefanie Margareta / Shutterstock
P.95 : © Lelusy / Shutterstock
P.96 : © OlgaOvcharenko / Shuterstock
P.97 : © Daniel Grignon
P.98 : © Tanya Kalian / Shutterstock
P.101 : © Eric Isselee / Shutterstock
P.103 : © Photoroyalty / Shutterstock
P.105 : © Eric Isselee / Shutterstock
P.106 : © Studio Harcourt
P.112 : © Yoann Latouche
P.120 : © Ece Chianucci / Shutterstock
P.122 : © Eakkarat Rangram / Shutterstock
P.124 :© Elena Blokhina / Shutterstock
P.126 : © Fly_and_Dive / Shutterstock
P.127 : © Pixaterra / AdobeStock
P.129 : © Koifish / Alamy Image
P.131 : © noypb / Shutterstock
P.133 : © Colin Carter / Istock
P.135 : © Mohamed Abdulraheem / Shutterstock
P.137-138 : © Patrice Longour
P.144 : © Itz Chinmoy / Shutterstock
P.147 : © Juhipatel / Shutterstock

Achevé d'imprimé en Décembre 2024
par Graphycems.

Dépôt légal : Janvier 2025.

Imprimé en Espagne.